AF250269

RELATION

DE CE QVI S'EST PASSE'
EN LA
NOVVELLE FRANCE
EN L'ANNEE 1642. & 1643.

Enuoyée au R. P. IEAN FILLEAV,
Prouincial de la Compagnie de IESVS,
en la Prouince de France.

Par le R.P. BARTHELEMY VIMONT, de
la mesme Compagnie, Superieur de
toute la Mission.

A PARIS,

Chez { SEBASTIEN CRAMOISY,
Imprimeur Ordinaire du Roy,
ET
GABRIEL CRAMOISY. } ruë S. Iac-
ques, aux
Cicoignes.

M. DC. XLIV.

Auec Priuilege du Roy.

TABLE
DES CHAPITRES
CONTENVS EN CE

LIVRE,

ã ij

TABLE

ã iij

RELATION

DE CE QVI S'EST

passé en la nouuelle France, en l'annee 1642.
& 1643.

PAX CHRISTI.

Ostre Reuerence,

N'aura pas ceste annee
tout le contentement ac-
coustumé de la Relation:
Car la meilleure partie qui est celle des
Hurons à estre prise par les Hiroquois,
auec les lettres de nos Peres, en vne défai-
te de 40. Hurons: qui arriua le 9. de Iuin
dernier, prés de Montreal. Le Pere Isaac
Iogues, qui est captif parmy les Barbares, nous escrit du dernier de Iuin,

A

qu'elle eſt tombee en ſes mains auec pluſieurs lettres de nos Peres des Hurons. Ie ne ſçay s'il pourra bien l'adreſſer à Voſtre R. par quelque voye que nous ne ſçauons pas, ie ne doute nullement qu'elle ne ſoit pleine de grande conſolation; nous auons aprins en gros, que les principaux Hurons commencent à gouſter à bon eſcient les choſes de Dieu, & ſe diſpoſer au Bapteſme, qu'enuiron cent ont eſté choiſis cette année pour eſtre receus au nombre des enfans de Dieu. I'ay veu cette année aux 3. Riuieres les Hurons Chreſtiens commencer à faire bande à part, & publiquement, de maniere qu'il y auoit d'vn coſté la bande des Croyans qui groſſit tous les iours & fait profeſſion publique du Chriſtianiſme, & de l'autre celle des Infideles, qui commence à d minuer d'eſtime & de hardieſſe. I'enuoye à voſtre R. la Relation de çà bas, laquelle fournira des exemples de vertu, & des accroiſſemens du Chriſtianiſme remarquables, mais ce ſera à l'ordinaire, auec l'amertume de pluſieurs mauuaiſes nouuelles prouenantes de la part des Hiro-

quois, lefquels fans doute, fi nous n'auós
quelque fecours de la France, feroit pour
ruiner icy & la foy & le commerce.
Il n'y a quafi plus de paffages ouuerts
pour aller aux Hurons. nos pacquets l'an
paffé, furent prins en montant, cette année, ils l'ont efté en defcendant. Comme
i'efcry cecy l'apprens que les voila prins
pour la troifiefme fois en remótant, cela
nous a obligé d'enuoyer à voftre R. le
P. le Ieune, comme experimenté de
lóg-téps aux affaires de ces côtrees, pour
le remonftrer plus efficacement à ceux
qui ont de l'affection pour ce pauure
pays. C'a efté l'aduis & le fouhait de
Monfieur de Mómagny noftre Gouuerneur, & de tous les habitás qui m'en ont
inftammentprié. Ie ne doute nullement
que la charité de voftre R. n'embraffe
efficacement l'affaire de Dieu & du falut de ces peuples delaiffés depuis tant
de fiecles : nous experimentons tous
les ans des effects rares de fon affection cordiale & paternelle, fur tout
i'implore le fecours de fes SS. SS. &
de tous nos PP. & FF. qui font fous fa
charge.

A ij

De la Residence de Quebec & de l'estat de la Colonie.

CHAPITRE PREMIER.

L A Colonie des François est le premier moyen & l'vnique fondement de la conuersion de tous ces peuples: on ne peut mieux ny plus efficacement procurer leur salut qu'en secourant ceste peuplade, laquelle graces à Dieu, va peu à peu croissant, sur montant les grands empeschemens qui s'y rencōtrent comme sont l'eloignement des secours d'Europe, le peu de gens de trauail, la difficulté du cōmerce, la longueur de l'Hyuer qui couure la terre, cinq, voire six mois de neiges : nonobstant tout cela chaque famille Françoise, au moins pour la pluspart fait maintenant sa petite prouision de froment, seigle, poix, orge, & autres grains necessaires à la vie humaine, qui plus qui moins ; les vns quasi pour la moitié de l'annee, les autres pour vne partie : & commencent à cognoiſtre le genie du lieu, & les ſaiſons propres à la culture de la terre, l'ouurage eſt bien commencé, il a encor beſoin de ſecours: mais il auance notablement graces à Dieu. Vous voyez de plus en chaque maiſon quantité d'enfans, biens-faits, & de bon eſprit, & ce qui eſt de principal en tous vn deſir ardent de ſon ſalut, & vne eſtude particuliere de la vertu. Il sẽble que la reſolution de ſe donner entierement à Dieu naiſt auec la penſee de s'eſtablir en la Nouuelle France. Ce n'eſt pas vne petite faueur de Dieu, ſur le pays; elle a touſiours paru & paroiſt encor de nouueau plus que iamais en la perſonne de Meſſieurs de la Cõpagnie de Montreal, & de tous ceux qui demeurent pardeça en leur habitatiõ. La Frãce en void vne partie nous voyons icy l'autre. Au reſte il feroit difficile d'expliquer les ſoins & les peines que Monſieur de Mõtmagny noſtre Gouuerneur a pris & prẽd encor tous les iours pour applanir les difficultez de la Colonie, tout autre auroit cent fois perdu courage. Le Pere Breſſany a eu ſoin cette annee de l'in-

A iij

struction des François, de Quebec il s'en
est dignement acquité, & a fait vn truict
notable par ses Predications. Le Pere
EnemondMasse l'a assisté : & quoy que
cassé d'âage, il a genereusement trauaillé, suppleãt aux forces, par son courage,
auec grande edification de tous les habitans. Le Pere de Brebeuf & moy ve-
nions toutes les Festes & Dimanches de
Sillery à Quebec pour les aider à entẽ-
dre les Confessions, & pour faire vn mot
d'exhortation aux François, & contribuer à la consolation de tous.

Nostre Seigneur a appellé à soy cette
année le Pere Charles Raymbault, c'est
le premier Religieux de nostre Compagnie qui soit mort en ces quartiers icy.
Il auoit vn zele tres-grand pour l'esta-
blissement de la Colonie Françoise, &
pour la conuersion de ces peuples : il
auoit procuré en France quelques années les affaires de nostre Mission auec
beaucoup de prudence & de charité, son
zele le porta à demander auec instance
d'estre du nombre des ouuriers de cette
nouuelle Eglise : Ce qui luy fut accordé,
il fut enuoyé il y a quatre ans aux Hu-

rons, à la Requeſte de nos Peres qui ſont
là, qui cognoiſſoient ſa prudence & ſon
courage, ils eſperoient s'en ſeruir pour la
deſcouuerture de quelques nations plus
eſloignées, & comme la langue Algon-
quine y eſt neceſſaire, on l'enuoya aux
Nipiſſiriniens peuples Algonguins a-
uec le P. Claude Piiart, où les voyages &
les trauaux ſont incroyables, il y gaigna
vne maladie lente qu'il le conſommoit
peu à peu : Ce qui obligea nos Peres de
l'enuoyer icy-bas, où la commodité de
viures & de remedes eſt plus grande,
mais noſtre bon Dieu le trouua mur
pour le Ciel, il mourut l'an paſſé le 22.
d'Octobre, aprés vne langueur de trois
mois qu'il paſſa dans vne grande tran-
quillité d'eſprit, vne entiere côformité à
la volôté de Dieu, & vne côſolatioô bien
particuliere de mourir en la nouuelle
Frâce, & d'auoir gaigné ſô mal en trauail-
lât pour le ſalut des Sauuages. Monſieur
le Gouuerneur, qui eſtimoit ſa vertu deſi-
ra qu'il fuſt enterré prés du corps de feu
Monſieur de Champlain, qui eſt dans
vn ſepulchre particulier, erigé exprés
pour honorer la memoire de ce ſignalé
A iiij

perſonnage qui a tant obligé la Nouuelle France.

I'adiouſteray icy vn mot de la vie & de la mort de Monſieur Nicollet, Interprete & Commis de Meſſieurs de la Compagnie de la Nouuelle France, il mourut dix iours apres le Pere, il auoit demeuré vingt-cinq ans en ces quartiers. Ce que i'en diray ſeruira pour la cognoiſſance du pays, il arriua en la Nouuelle France, l'an mil ſix cents dix-huiἀ, ſon humeur & ſa memoire excellente firent eſperer quelque choſe de bõ de luy, on l'enuoya hiuerner auec les Algonquins de l'Iſle, afin d'aprendre leur langue, il y demeura deux ans ſeul de François, accompagnant touſiours les Barbares dans leurs courſes & voyages, auec des fatigues qui ne ſont imaginables qu'à ceux qui les ont veües, il paſſa pluſieurs fois les ſept & huiἀ iours ſans rien manger, il fut ſept ſemaines entieres ſans autre nourriture qu'vn peu d'eſcorce de bois : il accompagna quatre cents Algonquins, qui alloient en ce temps là faire la paix auec les Hyroquois, & en vint à bout heureuſement.

pleuſt à Dieu qu'elle n'euſt iamais eſté
rompuë, nous ne ſouffririons pas à preſent les calamitez qui nous font gemir,
& donneront vn eſtrange empeſchemēt
à la conuerſion de ces peuples. Apres
cette paix faite, il alla demeurer huict ou
neuf ans auec la nation des Nipiſſiriens,
Algonquins, là il paſſoit pour vn de
cette nation, entrant dans les conſeils
forts frequents à ces peuples, ayant ſa
cabane & ſon meſnage à part, faiſant ſa
peſche & ſa traitte, il fut enfin rappellé &
eſtably Commis & Interprete. Pendant
qu'il exerçoit cette charge, il fut delegué
pour faire vn voyage en la nation appellée des Gens de mer, & traiter la paix
auec eux, & les Hurons, deſquels ils ſont
eſloignés, tirant vers l'Oüeſt d'enuiron
trois cents lieuës. Il s'embarqua aux pays
des Hurons auec ſept Sauuages, ils paſſerent par quantité de petites nations, en
allant & en reuenant, lors qu'ils y arri-
uoient, ils fichoient deux baſtons en terre, auquel ils pendoient des preſens, afin
d'oſter à ces peuples la penſée de les
prendre pour ennemis, & de les maſſacrer. A deux iournées de cette nation il

enuoya vn de ces Sauuages porter la
nouuelle de la paix, laquelle fut bien receuë, nommément quand on entendit
que c'estoit vn European qui portoit la
parole, on depescha plusieurs ieunes gés
pour aller au deuant du Manitouiriniou,
c'est à dire de l'homme merueilleux : on
y vient, on le conduit, on porte tout son
bagage, il estoit reuestu d'vne grande
robbe de damas de la Chine, toute par-
semée de fleurs, & d'oyseaux de diuerses
couleurs : Si tost qu'on l'apperceut, toutes les femmes & les enfans s'enfuïrent,
voyant vn homme porter le tonnerre en
ces deux mains. C'est ainsi qu'ils nom-
moiét deux pistolets qu'il tenoit, la nouuelle de sa venuë s'espandit incontinent
aux lieux circonuoisins, il se fist vne assemblée de quatre ou cinq mil hommes,
chacũ des principaux fist só festin, en l'vn
desquels on seruit au moins six vingt Castors, la paix fut concluë, il retourna aux
Hurons, & dela à quelque téps aux trois
Riuieres, où il continua sa charge de
Commis & Interprete auec vne satisfaction grande des François & des Sauuages, desquels il estoit esgalement & vni-

quement aymé, il conspiroit puissamment, autant que sa charge le permettoit
auec nos Peres pour la conuersion de ces
peuples lesquels il sçauoit manier &
tourner où il vouloit d'vne dexterité
qui à peine trouuerra son pareil. Monsieur Oliuier Commis General de Messieurs de la Cópagnie, estát venu l'an passé en France, ledit sieur Nicollet descendit à Quebec en sa place, auec vne ioye
& consolation sensible qu'il eut de se
voir dans la paix, & la deuotion de Quebec, mais il n'en ioüit pas long temps:
car vn mois ou deux aprés son arriuée,
faisant vn voyage aux trois Riuieres
pour la deliurance d'vn prisonnier Sauuage, son zele luy cousta la vie qu'il perdit dans le naufrage, il s'embarqua à
Quebec sur les sept heures du soir, dans
la chalouppe de Monsieur de Sauigny,
qui tiroit vers les trois Riuieres, ils n'e-
stoient pas encor arriuez à Sillery
qu'vn coup de vent de Nord-Est, qui a-
uoit excité vne horrible tempeste sur la
grande riuiere, remplit la chalouppe
d'eau, & la coula à fond, apres luy auoir
fait faire deux ou trois tours dans l'eau.

Ceux qui eſtoient dedans n'allerent pas incontinent à fond, ils s'attacherent quelque temps à la chalouppe. Monſieur Nicollet eut loiſir de dire à Monſieur de Sauigny, Monſieur ſauuez-vous, vous ſçauez nager. Ie ne le ſçay pas? pour moy ie m'en vay à Dieu. Ie vous recommande ma femme & ma fille, les vagues les arracherent tous les vns aprés les autres de la chalouppe qui flottroit renuerſée contre vne roche. Monſieur de Sauigny ſeul ſe ietta à l'eau & nagea parmy des flots & des vagues, qui reſſembloiẽt à de petites montagnes, la chalouppe n'eſtoit pas bien loin du riuage, mais il eſtoit nuiſt toute noire, & faiſoit vn froid aſpre, qui auoit des-ia glacé les bors de la riuiere, ledit ſieur de Sauigny s'entant le cœur & les forces qui luy manquoient, fiſt vn vœu à Dieu, & peu aprés frappant du pied il ſent la terre, & ſe tirant hors de l'eau, s'en vint en noſtre maiſon à Sillery à demy mort, il demeura aſſez long-temps ſans pouuoir parler, puis enfin il nous racompta le funeſte accident, qui outre la mort de Monſieur Nicollet, dommageable à tout le pays,

luy auoit perdu trois de ses meilleurs
hommes, & vne grande partie de son
meuble, & de ses prouisions, luy & Madamoiselle sa femme ont porté cette
perte signalée dãs vn pays barbare, auec
vne grande patience & resignation à la
volonté de Dieu, & sans rien diminuer
de leur courage. Les Sauuages de Sillery
au bruit du nauffrage de Monsieur Nicollet, courent sur le lieu, & ne le voyant
plus paroistre en tesmoignent des regrets
indicibles. Ce n'estoit pas la premiere
fois que cét homme s'estoit exposé au
danger de la mort pour le bien & le salut des Sauuages, il l'a faict fort souuent,
& nous à laissé des exemples qui sont au
dessus de l'estat d'vn homme marié, &
tiennẽt de la vie Apostolique, & laissent
vne enuie au plus feruent Religieux de
l'imiter. Douze iours aprés leur naufrage le prisonnier, pour la deliurance duquel il s'estoit embarqué, arriua icy. Mõsieur des Roches commandãt aux trois
Riuieres, suiuant l'ordre de Monsieur le
Gouuerneur l'auoit racheté, il mit pied
à terre à Sillery, & de là fut conduit à
l'Hospital pour estre pensé des playes &

bleſſures que les Algõquins luy auoient
fait apres ſa capture, il luy auoiẽt emporté la chair des bras, en quelques endroits
iuſques aux os, les Religieuſes hoſpi-
talieres, le receurent auec beaucoup de
charité, & le firent penſer fort ſoigneu-
ſement, en ſorte qu'en trois ſemaines ou
vn mois il fut en eſtat de retourner en
ſon pays, tous nos Neophytes luy teſmoignerent autant de compaſſion & de
charité que les Algõquins de là haut luy
auoient montré de cruauté, ils luy donnerent deux bons Sauuages Chreſtiens,
pour le conduire iuſques aux pays des
Abnaquiois, qui ſont voiſins de ſa nation, Charles Meiaſchazat aſſez cogneu
és precedentes Relations, & dont ie feray encor mention cy-aprés, fut vn des
deux deſtinez à le remener, il fut rauy
d'aiſe de faire ce voyage, & auoir cette
occaſion de pouuoir parler de noſtre
ſaincte foy aux Abnaquiois & autres
nations voiſines. Au reſte tout l'hyuer
s'eſt paſſé à Quebec, dans la paix & la
deuotiõ accouſtumee, mais tout le Prin-
temps n'a eſté qu'vne continuation de
pluſieurs nouuelles affligeantes du coſté

des Hiroquois, apres lesquelles font
furuenuës les plus triftes, & les plus fu-
neftes qui euffent iamais peu nous arriuer: c'eft la mort du grand Louys le Iufte,
qui a autant attrifté les Sauuages Chreftiens que les François, ceux-là ne s'e-
ftimants pas moins fes naturels fubiets,
que ceux cy, auffi a-on toufiours tafché
de les obliger à le recognoiftre pour leur
fouuerain, & à conferuer pour luy leur
affectió toute entiere, la fouuenance des
prefens qui leur auoit fait autrefois e-
ftoit encore fi fraifche, qu'a la premiere
nouuelle qu'ils en eurent, on les vit tous
abbatus, nous eufmes peine à les confoler, n'ayant pas moins befoin de confolation qu'eux dans la perte d'vn fi bon
Prince: ils s'appaiferent vn peu quand on
leur dit qu'il viuoit encore en la perfóne
de fon fils, qui auoit fuccedé à fes Eftats
& à fa Couronne, & s'en allerent prier
Dieu pour luy.

A cefte trifte nouuelle on en adioufta vne
autre qui renouuella l'affliction, ce fut le
deces de Monfieur le Cardinal Duc, qui
outre le foin qu'il auoit pour l'ancienne
grace, n'oublioit pas la nouuelle, laquelle

parmy ſes grandes difficultez, & parmy
ſes dangers reſpiroit au ſouuenir & aux
promeſſes de ce grand cœur, & attendoit auec ioye & eſperance vn ſecours
neceſſaire, lors qu'on nous annonça ſa
mort. Quand nous nous ſouuenions cét
Hyuer de ce que Madame la Ducheſſe
d'Eguillon, & Madame la Conteſſe de
Brienne qui ont touſiours ſi puiſſammẽt
porté les intereſts de la Colome & des
Sauuages nous en eſcriuoient, & les ſecours tres-certains que nous en eſperiós
les plus grands maux nous ſembloient
bien petits; mais il a pleu à Dieu en diſpoſer autrement par des ſecrets de ſon
infinie ſageſſe qui nous ſont incognus.
I'eſpere pourtant que nous ne ſerons
point fruſtrez de nos eſperances, puiſque
les perſonnes auſquelles la diuine prouidence a mis en main le Gouuernement
de la France, n'ont pas moins de zele &
de pouuoir qu'ils auoient pour ſecourir
ces pauures contrees, & contribuer à la
conuerſion de ces peuples, nous en ſommes bien aſſeurez, nous ne doutons au-
cunement que la diuine bonté qui a fait
ſucceder noſtre ieune Roy aux grãdeurs
de

de son pere, ne le fasse aussi heritier du zele qu'il auoit pour le salut de nos Sau-uages, & de toutes ces nations.

Nous sommes aussi bien certains de la bonne volonté & affection de la Royne Regente, nous en auons eu iusques à present des tesmoignages trop euidens, pour ne pas receuoir vne consolation sensible, & des esperances bien grandes parmy tant de fascheux acci-dens. En vn mot elle nous monstre vn cœur de mere.

Nous receumes toutes ces tristes nou-uelles à la sainct Iean, par le vaisseau de Miscou, qui donna iusques à Tadoussac les autres nauires de la flotte ont tardé cette annee plus que iamais, ce qui nous estoit vn notable surcroist d'affliction, & aux Sauuages aussi. Nous commen-cions à craindre quelque nouueau mal-heur. En fin Dieu nous les dóna en l'heu-reux iour de l'Assomption de nostre-Dame. Comme nous allions commen-cer la Messe deux voiles parurent à vne liüe de nostre port, la ioye & la conso-latió saisirét le cœur de tous les habitás, mais elle redoublabien fort quand vne chalouppe nous vint donner la nouuelle des perſonnes qui y eſtoient: le P. Quétin auec trois braues ouuriers Religieux de noſtre Compagnie, & tres-propres à la langue, ſçauoir, les Peres Leonard Garreau, Gabriel Druillet, & Noël Chabauel. Il y auoit auſſi trois Religieuſes bien choiſies, & dont le courage ſurpaſſe le ſexe, ſçauoir la Mere Marie de S. Geneuiefue, & la M. Anne de S. Ioachim, Hoſpitaliere de la maiſon de Diepe, & la M. Anne des Seraphins, Vrſuline du Conuent de Plermel en Bretagne. Il a fallu vne grande force à ces bónes filles pour ſurmonter les dangers de l'Ocean, la crainte du pays Barbare, & les diſcours importans de ceux qui ont voulu les deſtourner en France d'vne ſi ſainte entrepriſe. Monſieur d'Alibourt tres-honneſte, & tres-vertueux Gentilhomme, aſſocié en la Compagnie de Meſſieurs de Montreal auec ſa femme, & ſa belle ſœur de pareil courage & vertu eſtoient dans vn de ces deux nauires: toute cette ſainte troupe aborda à Kebec, & ſe vint conſacrer à Dieu & au ſalut des Sauuages, ſous la protection & la

faueur de l'Emperiere de l'Vniuers. I'oubliois la pieté d'vn hónefte Preftre nómé
M. Chartier, qui grofiffoit la troupe, & eft
venu fe dóner au feruice des Meres Vrfu-
lines, auec defir & deffein de feruir Dieu
en ces pays le refte de fes iours, & contribuer ce qu'il pourra de force & d'in-
duftrie pour le falut des Sauuages.

CHAPITRE II.

Du feminaire des Vrfulines.

Vifque les Meres Vrfuli-
nes font eftablies à Que-
bec, ie mettray icy en fuite
ce qui les regarde. Ce Seminaire eft vn des plus
beaux ornemens de la Colonie, & vn
ayde fignalé pour l'arreft & conuerfion
des Sauuages. Elles allerent en leur nouueau logis, quittant celuy qu'elles tenoient à loüage le 21. Nouembre l'an
paffé, iour auquel la tres-fainéte Vierge
fe confacra à Dieu dans le temple, leur

bastiment est grand & solide, fait à chaux
& à sable. Elles ont trouué vne assez belle fontaine dans les fondemens du logis
qui leur est extremément commode.
Elles sont en lieu d'asseurance autant
qu'il est possible dans le Canada, estant
placée à 80. ou 100. pas du fort de Kebec. Elles ont eu tousiours vn assez bon
nombre de filles Sauuages, tant pensionnaires arrestees que passageres outre les
petites filles Françoises, & quantité de
Sauuages, hommes & femmes qui les
vont souuent visiter & receuoir quelque
secours & instruction. Voicy en particulier ce qui s'est passé cette annee dans
cette saincte maison. Les petites filles
seminaristes ont excellé dans le soin de
se preparer à la saincte Communion,
elles l'ont ordinairement demandee 8.
iours auparauant que s'en approcher.
Elles employoient ce temps à s'y disposer, elles se iettoient quelquefois à genoux deuant leur maistresse, pour tesmoigner leur desir, & luy declarer les intentions qu'elles auoient pour appliquer
la saincte Communion, laquelle regarde
tousiours la conuersion de leur compa-

triotes & le bien de ceux qui leur font
des charitez en France. Il y en a lesquelles outre les prieres ordinaires & l'examen qu'elles font le soir, employent encore vn bon espace de tēps à prier Dieu
en leur particulier, auant que se coucher.
Ces prieres particulieres s'addressent
d'ordinaire à la saincte Vierge. C'est vn
grand coup pour leur salut que de leur
donner cette deuotion.

Elles disent quelquesfois aux rencontres fort naïfuement les prieres iacula-
toires qu'elles font. Ma Mere, disent-el-
les, ie parle fort souuent à Dieu dans
mon cœur. Ie prends grand plaisir à
prononcer les saincts noms de Iesus &
Marie. Elles sont fort facilement tou-
chees du remords de leurs pechez, & les
declarent fort candidement à leurs mai-
stresses, & n'ont aucun repos qu'elles ne
s'en soient confessees. Les Religieuses
les ont veuës plusieurs fois s'arrester à
dresser leur intention auant que commencer leurs actions particulieres, &
prononcer tout haut le nom de Dieu, ou
de la Vierge, ou de quelque Sainct qu'elles vouloient honorer pour lors.

B iij

Vne Sauuagesse estant venüe demeurer au seminaire pour quelques iours, afin de se disposer au sainct Baptesme qu'elle souhaittoit auec ardeur, edifia grandement les Religieuses par sa feruecur. Elle les pressoit sans cesse pour estre instruite de ce qui estoit necessaire, elle alloit mesme trouuer toutes les petites pensionnaires les vnes aprés les autres, pour repeter ce qu'on luy auoit donné à apprendre. Vne Religieuse l'ayant trouuee vn iour qu'elle sautoit de ioye, luy en demanda la cause. Le Pere, dit-elle, m'a asseuré que ie serois bientost baptisée, & que i'auois bien appris.

Vne Seminariste nommee Barbe, ayāt esté rudcmēt reprise de sa faute, i'ay bien merité cela, dit-elle, car moy qui suis instruite & baptizee, ie fais bien vne plus grosse faute, que celles qui faillent & ne sçauent pas encore les prieres.

Cét enfant a d'excellens sentimens de Dieu, ie luy ay souuent parlé moy-mesme hors du seminaire, elle a l'esprit vif, & le iugement fort bon, & l'humeur docile, elle appartient à vn homme fort

groſſier & charnel, & qu'on n'a peu encore admettre au baptefme pour ce fubiect, il le fouhaitte, mais il ne veut pas
encore quitter ces mauuaiſes habitudes. Dés que cét enfant ſçait qu'il s'ap-
proche du ſeminaire, elle ſe va cacher.
On la trouua vn iour en vn coin toute
tranſie de crainte pour ce ſubiect, on
luy demande ce qu'elle a. C'eſt kimi-
chſamiſman, cét homme s'appelle ainſi,
qui me veut amener, que feray-ie? on
ne prie point Dieu dans ſa cabane, ſi
meſme il en auoit enuie, ſa femme l'en
empeſcheroit, on ne fait que du mal là
dedans, il n'y a du tout qu'vne perſonne qui y prie Dieu, ie ne veux point
ſortir d'auec vous que ie ne ſçache lire
& eſcrire, & tout ce qui eſt neceſſaire
pour aller au Ciel, pouruoyez moy
quand ie ſeray grande, afin que ie puiſſe viure auec les bons Chreſtiens de Sillery ſans crainte de cét homme.

Vne petite fille aagee de huiĉt, ou
neuf ans ſortit du ſeminaire l'Automne dernier, pour retourner auec ſes parens, & hyuerna auec eux prés du

fort de Richelieu. Le Printemps venu ils
retournēt: cette pauure enfant vint prier
les Meres de la reprendre, elles la refu-
ferent d'abord pour quelques iuftes raifons, & nommément pource que fes parens la vouloient auoir, elle fe met à
pleurer, & veut demeurer malgré eux, &
malgré les Religieufes, on la renuoya
pourtant, elle reuint peu apres, on la ré-
fufe derechef, enfin elle prend l'occafió
de la Proceffion du S. Sacrement pour
retourner la troifiefme fois. Les Religieufes faifoient ce iour-là feftin aux
Sauuages, fes parens y eftoient, & lors
qu'ils s'en voulurent aller à Sillery, la
fille s'efchappe d'auec eux, & fe va coucher aupres la porte dés Meres, & leur
dit, ie veux eftre inftruite, ayez pitié de
moy, ie n'ay que faire de mes parés pour
ce fubiet, la pluye furuient, elle ne fe re-
muë point pour cela. Elle euft paffé la
nuict, fi fes larmes n'euffent obligé les
Religieufes de luy ouurir la porte de la
maifon, où elle entra comme dans vn paradis. La pauure enfant n'a pas l'efprit
des plus vifs du monde, elle fait ce qu'elle peut, fa bonne volonté fupplée au

defaut de l'esprit.

Nous auons apris des nouuelles de la
petite Therese Huronne qui a demeuré
deux ans en ce seminaire, & fust prise l'an
passé par les Hiroquois, auec le Pere Iogues, & auec son oncle, appellé Ioseph,
lequel s'est eschappé à ce Printemps des
mains des Iroquois. I'en parleray cy-
apres plus au long. Il vint à Kebec apres
sa deliurance, & alla salüer les Meres Vrsulines. Voicy ce qu'il racontoit de sa
niepce captiue. Elle n'a point de honte,
disoit-il, de son Baptesme. Elle prie publiquement Dieu, elle dit qu'elle croit,
elle se confesse souuent au P. Ioguez, elle
m'obeyssoit en tout. Ie l'exhortois souuent de bien-faire, & de ne perdre point
courage : ie vous suis bien obligé mes
Meres, disoit le pauure homme, des bónes instructions que vous luy auez donné, elle ne les oublie point, elle sçait tout
ce que vous enseignez, elle parle au P.
Iogues toutes les fois qu'elle le void, cela
n'empesche pas qu'elle ne soit grandement triste, viuant parmy nos cruels ennemis, elle a bien enduré du froid & des
incommoditez l'Hyuer, elle a esté fort

malade, mais Dieu luy a rendu la fanté, ie luy difois fouuét : aye courage, cette vie eft courte, tes trauaux prendront
fin, & tu feras bien-heureufe au Ciel, fi
tu perfeueres, elle n'a point de chapelet,
elle fe fert de fes doigts pour le dire, ou
de petites pierres qu'elle met à terre à
chaque *Aue Maria*, qu'elle dit, elle me
parloit fouuét de vous. Helas difoit elle,
fi les filles vierges me voyoient en cét
eftat parmy ces mefchans Iroquois qui
ne cognoiffent pas Dieu, qu'elles auroiét
pitié de moy ! Ce bon Iofeph racontant
cecy aux Religieufes, eftoit accompagné de trois ou quatre autres Hurons qui
s'eftoient efchapez auec luy.

Le parloir de ces bonnes filles fert fouuent de claffe, les Sauuages de dehors y
venant exprez les voir, & demander à
eftre inftruits, ou reciter les prieres, il y
en a qui ont pris le temps que les enfans
faifoient les prieres ou l'examen, pour
entrer au parloir ou en la Chapelle, & fe
ioindre à leur deuotió. Les Atikamegues
qui font peuples Montaignets du cofté
du Nord pendant le téps qu'ils ont fe-
iourné aupres de quebec, ont efté fou-

üent visiter les Religieuses pour escouter ou apprendre quelque bon mot, ils
entroient au parloir soir & matin auec
importunité mesme pour repeter leurs
prieres ou le Catechisme. Les frais qui
suiuent ces sainctes visites & instructions
necessaires sont grands & ineuitables, &
ne cedét peut-estre gueres à ceux qu'on
fait pour les seminairistes arrestés d'ordinaire apres l'instruction, il faut soulager
la faim de ces pauures gens. Ie ne dis rié
icy de Madame de la Pelterie : car il y
eust vn an au Printemps qu'elle alla à
Montreal pour assister au commencement de cette nouuelle & saincte habitation. Les Religieuses ont fait aggran-
dir cette annee leur corps de logis pour
auoir vne Chapelle, & loger dauantage de Religieuses & Seminaristes. Il
est vray que cette augmentation n'est
bonnement que commencee, il y reste
plus à faire qu'il n'y a de fait, la patience
gagnera tout. Cette vertu est le miracle
du Canada.

CHAPITRE III.

De la Residence de Sillery, & comme les Sauuages y ont passé l'annee.

A bourgade de S. Ioseph, dite Sillery, distante de Quebec de deux petites lieües est composée d'enuiron 35. ou 40. familles de Sauuages Chrestiens qui s'y sont arrestez, & y demeurent toute l'année, excepté les téps de leur chasse: à ceux-cy se viennent souuent ioindre plusieurs de ceux qui sont encore errans, partie pour receuoir quelque secours, partie pour estre instruicts dans les mysteres de nostre saincte foy. Ce nombre semblera petit à ceux qui ne cognoissent pas ce que c'est qu'vn Sauuage errant: mais assez grand à ceux qui en ont la cognoissance, & sçauent la vie que menoient auparauant ces pauures miserables. Au reste, quoy qu'il soit petit, il n'a pas laissé d'auoir vne grande efficace, car

ça esté comme la semence du Chrestia-
nisme parmy cette grande Barbarie. La
bonne odeur des Sauuages qui s'y ont
retirez, & y font publiquement l'exercice de Chrestien, s'est respanduë de touι
costez. Depuis Tadoussac & Miskou
iusques aux Hurons, quasi tous parlent
de les imiter. Ces familles arrestees sont
côposees de deux sortes de persônes, les
vns Montaignets, les autres Algonquins.
Les Montaignets sont ceux qui ont leur
pays plus prés de Kebec, & s'appellent
ainsi, à raison de nos hautes montaignes.
Les Algonquins sont de plus hault : les
derniers sont de deux sortes; les vns sont
de l'Isle, & de diuers lieux; tirant vers les
Hurons, les autres sont voisins des Montaignets, & comme meslez auec eux. La
cognoissance de Dieu & le commerce
des François de Kebec a rendu ceux-cy
plus souples & plus dociles, les autres
quoy que presque tous ruinez & reduits
à rien sont demeurez dans vn orgueil
estrange, & nous ont donné iusques à
present de grands empeschemens à la
conuersion des autres Algonquins & des
Hurons mesmes, qui doiuent passer par

leur pays, pour venir icy bas. Nous n'a-
uons encore pour toutes ces familles ar-
reftees que quatre petites maisons à la
Françoife, aufquelles nous en allós Dieu
aidant cét Automne ioindre deux autres commencees dés l'Hyuer dernier,
par le moyen de quelques aumofnes
qu'on nous a donnees pour ce fubiect.
Ce font quelques perfonnes fignalees en
vertu & en merite de noftre ancienne
France, qui ont entrepris en particulier
l'auancement de quelques-vnes de ces
familles, c'eft vn œuure de charité ex-
cellemment bien appliqué, nous en dif-
pofons encore vn autre pour le Prin-
temps prochain qui fera dediee à fainct
François, celuy à qui elle eft promife
porte defia le mefme nom : c'eft le fouhait & la deuotion d'vne perfonne de
merite, de noftre ancienne France, qui
a de l'affection pour nos Sauuages, & a
choify cette famille pour luy faire du
bien, & la tenir comme fienne. Ces maifons font bafties moitié de noftre cofté,
& moitié du cofté de l'Hofpital, qui eft
feparé d'auec nous d'vne colline ou pla-
ton large d'enuiron foixante pas. Les

Montaignets ont choisy noftre cofté:
les Algonquins ont pris celuy de l'Hofpital, les principaux Sauuages font logez en ces maifons à la Françoife, les autres fe cabanent à leur façon fous des ef-
corces, chacun du cofté de fon party attendant qu'on leur puiffe auffi procurer quelques petits baftiments, comme
à leurs compagnons la principale vti-
lité de ces maifons font les petits gre-
niers où ils ferrent leurs viures, & leur
petis meubles, qui auparauant fe diffi-
poient & fe perdoient faute de lieu à les
conferuer. On n'a pas peu en faire dauantage: car à proportion des maifons,
il faut aider à deferter des terres à ceux
qui font logez, du commencement nous
auions moyen de nourrir huiɛ̃t hommes de trauail à Sillery, ils font à prefent reduits à quatre, & encore nous efcrit on de France que le fond de la donation de feu Monfieur de Sillery de-
ftiné à leur entretien, eft arrefté en France. Ie ne fçay que penfer la deffus, fi-
non que tout cét affaire eft l'œuure de
Dieu. C'eft fa bonté & puiffance qui
luy ont donné commencement, & luy

donneront maintenant tel progrez qu'il
voudra. Ie suis bien certain d'vne chose
qu'il est encore plus difficile de le continuer & maintenir qu'il n'a esté de le
commencer.

Or voicy comme les Sauuages ont
passé leurs annees à Sillery. Les nauires
leuerent l'anchre de deuant Kebec le 7.
d'Octobre de l'an passé 1642. Leur depart fait icy vn merueilleux silence, &
applique chacun à sa famille dans vne
tranquilité profonde.

Nos Sauuages de Sillery auec quelques autres qui s'estoient ioins à eux cō-
tinuerent leur pesche d'Anguille qu'ils
auoient commencee quelque temps auparauant, c'est vne tres-fertile moisson
que Dieu fait cüeillir tous les ans à Kebec & aux enuirons, depuis le commencement de Septembre iusques à la fin
d'Octobre dans la grande riuiere de S.
Laurens, il s'y en trouua pour lors vne
quantité prodigieuse, les François la sa-
lent, les Sauuages la boucanent : les vns
& les autres en font prouision pour l'Hyuer, les Sauuages quittent leur petites
maisons pour faire cette pesche, & se cabaner

banent à vne portee de mousquet, afin
que les ordures de poisson qu'on accom-
mode, ne les infecte pas. Estant là ils venoient tous les iours à la saincte Messe,
quoy qu'ils eussent souuent passé la nuict
à la pesche, vn de nos Peres leur faisoit
vn mot d'exhortation auant la Messe.
Le soir le mesme Pere alloit aux cabanes les faire prier Dieu. Leur pesche
estant finie, qui fust sur le commencement de Nouembre ils retournerent à
leurs maisons, & emplirent leurs petits
magazins de poisson boucané. Ceux qui
n'ont pas encore de maison se cabane-
rent chacun de leur costé. Ils ne furent
pas plustost ramassez, que treize canots
de la nation des Atikamegues les vein-
rent voir pour hyuerner auec eux, &
se faire instruire. Ils se logerent du costé
des Montaignets prés de Iean Baptiste qui en est le Capitaine. Le P. Buteux
qui estoit descendu des trois Riuieres
pour hyuerner à Sillery eust charge de
l'instruction des vns & des autres, c'est à
dire des Montaignets & des Atikamegues. Ils demeuroient ensemble, comme
parlant mesme lágue. Le P. Dequen eust

C

pour sa part les Algonquins à enseigner.
Voicy l'ordre qu'on y a tenu tout l'hyuer,
Le P. Dequen alloit tous les matins à
l'hospital au quartier des Algonquins dire la Messe : hommes, femmes & enfans
tous s'y trouuoient. La Chapelle & la
sale des malades estoit souuent remplie,
auant la Messe le P. prononçoit tout haut
les prieres en leur langue que chacun repetoit aussi tout haut. Apres il leur expliquoit au long vn des mysteres de nostre saincte Foy. La Messe estant dite le
P. alloit par les cabanes enseigner en particulier ceux qui deuoient estre baptisez,
ou qui se disposoient à cómunier. Apres
midy ie prenois le soing de faire le catechisme aux enfans Algonquins. Ils s'af-
sembloient à la sale des malades auec
autant d'assiduité & de ferueur que ceux
de nostre France. Si leur arrest estoit aussi solide, ils ne leur cederoient en rien : le
prix du catechisme estoit vn cousteau, ou
vn morceau de pain, d'autrefois vn chapelet, quelquesfois vn bonnet, ou vne
hache aux plus grands & aux plus sça-
uans, c'est vne belle occasion de soulager la misere de ces pauures peuples les

parens estoient rauis de voir la ferueur
de leurs enfans qui alloient par les cabanes faire monstre de leur prix. Le soir
le P. Dequen retournoit à la Chapelle, où
ils s'assembloient derechef pour faire les
prieres. Le P. s'approchant de l'Hospital
crioit tout haut, venez tous aux prieres:
à ce cry chacun sortoit en silence & cou-
roit à la Chapelle, où les prieres duroiét
enuiron vn quart d'heure, & l'instruction autant, le tout en grande modestie & deuotion. Voyant les Sauuages en
cet estat, ie me suis fort souuent estonné de la paresse d'vne infinité de Chrestiens de nostre ancienne France, qui
n'ont iamais peu se resoudre de donner
à Dieu vn demy quart d'heure le soir à
genoux pour faire leur priere. Ie ne sçay
ce qu'ils respondront au iugement de
Dieu.

Les Religieuses Hospitalieres enton-
noient souuent aux prieres & au catechisme quelque hymne en langue Al-
gonquine. Les Sauuages se plaisent fort
au chant & y reüssissent tres bien. D'ordinaire aussi elles prenoient les filles à
part pour leur faire le catechisme en la

G ij

sale des malades, ou à leur grille, pêdant qu'on instruisoit separement les garçons, afin que tous peussent dire leur leçon: car si on en omettoit quelqu'vn, il se mettoit à pleurer. Distribuât vn iour vn pain aux enfans apres le catechisme, i'en presentay à vn qui me refusa de le receuoir, & se mit a pleurer, disant, commêt veux-tu que ie mange n'ayant rien dit: quand ils estoient dans la necessité, le catechisme estoit suiuy d'vn petit festin ou sagamité pour soulager leur faim. Les Religieuses côtribuoient à leur tour aux despenses necessaires, & vniuersellemêt parlant outre le soing & le secours des malades, elles ont exercé vne singuliere charité tout le long de l'annee enuers ces familles arrestees, nommément enuers les Algonquins: qui sont de leur quartier elles en ont eu souuent deux ou trois cabanes des plus pauures sur les bras: c'est chose incroyable des despêses qu'on est obligé de faire en ces rencontres, la misere & la necessité est telle que la conscience y est obligee. Voila pour les Algonquins.

Le P. Buteux a gardé le mesme ordre pour les Montaignets & Atikamegues,

excepté que les derniers s'estant retirés
vn peu auant dans les bois sur vne petite montagne proche de Sillery, il estoit
obligé d'y aller tous les iours apres la
Messe, & sur le soir, où il assembloit les
hommes & les femmes à part. Les neiges estoient hautes de 3. à quatre pieds,
Ie l'ay veu plusieurs fois retourner le
soir estant ià nuict auec vne lanterne à la
main, que le vent impetueux luy arra-
choit ou esteignoit, & puis le renuersoit
dãs les neiges de haut en bas de la montagne : cela peut estonner ceux qui l'ont
cogneu en France infirme au dernier
point, & presque tousiours valetudinai-
re. Ie remarqueray en vn Chapitre à
part ce qui s'est passé de plus notable au
Baptesme des Atikamegues.

Voila comme les Sauuages ont passé
la premiere partie de l'hyuer. Sur la my-
lanuier les neiges estant desia grandes &
fortes, ils decabanerent tous de Sillery,
& allerent enuiron à vn quart de lieuë
de Kebec, pour y faire leurs traisnes, &
commencer leur premiere chasse, ils y
demeurerent enuiron trois semaines le
P. Buteux suiuit les Atikamegues, & alla

C iij

loger dans leur cabanes: ces bonnes gens furent rauis d'aise de le voir logé chez eux, & s'escrierent tous, En verité tu es de nostre natió, en verité tu nous aymes. Ils faisoient tous les iours vn quart de lieuë pour venir à Quebec entendre la Messe, nonobstant la rigueur du froid & des neiges, pour l'ordinaire ils entroient dans la Chapelle des Vrsulines où le P. Buteux les enseignoit. Ils alloient aussi fort souuent au parloir des Religieuses, & demandoient à repeter leurs prieres, afin de les mieux apprendre. Les Vrsulines leur tesmoignerent toute sorte de charité, leur donnerent tous les iours à manger apres la Messe, ou l'instruction, & n'espargnerēt riē de ce qu'elles auoiēt pour les assister, & cooperer à leur conuersion. Elles n'en font pas moins tout le long de l'année aux Algonquins & Montaignets quand ils vont à Kebec. Ce sont des frais ineuitables à ceux qui ont entrepris l'ayde des Sauuages. Ils décabanerent tous sur le commencement de Feurier, & entrerent dans les grands bois pour la chasse de l'Orignac. Le lendemain de leur depart comme

i'allois de Kebec à Sillery , ie trouuay
vne seule cabane de douze ou treize infirmes, vieillards & enfans, que les Sauuages m'auoiét recommandés le soir auparauant & prié de les enuoyer à l'Hospital : comme ils me virent passer , ils leuerent leurs escorces , & me suiuirent,
comme ils peurent , & s'en vinrent à
l'Hospital passer leur hyuer partie dans
la sale des malades , partie dans vne cabane proche de l'Hospital. Les Sauuages ne demeurerent gueres que 2. mois
en leur grande chasse , plusieurs retournerent pour les festes de Pasques , chas-
que cabane porte d'ordinaire vn papier,
qui marque les iours de feste , afin qu'ils
s'abstiennent du trauail, sinon en cas de
necessité, & employent plus de temps
à la priere. Iean Baptiste auec sa bande
retourna le Mercredy sainct, & se trouua
fort à propos le lendemain au lauement
des pieds qui se fit à l'Hospital , & les cô-
sola fort : on choisist 12. hommes & 12.
femmes , nous lauasmes les pieds des
hommes, & les Religieuses les lauerent
aux femmes , puis leur firent à tous vn
festin magnifique selon le pays. Cinq

C iiij

Hurons qui ont hyuerné à Sillery & y
ont fait vn petit seminaire, admirerent
ceste celebrité que le P. de Brebœuf leur
expliqua (ils ne manquent pas de raconter ces nouuelles en leur pays.) Sur la fin
d'Auril tous les Sauuages se trouuerent
rassemblés, chacun retourne en son
quartier & dresse sa cabane, faict son petit magazin, passe ses peaux, & vient à
l'instructió, où l'ó garde le mesme ordre
qu'à l'automne. Quand la terre est entierement descouuerte de neiges, chacun
visite son champ, & commence à le culti-
uer. C'estoit vn contentemét de les voir
aller au trauail apres auoir entédu la saincte Messe, & puis venir tous les soirs faire
les prieres à la Chapelle, & entendre l'instruction. Mais ce contentement ne dura
gueres. Car à peine auoient ils acheué de
semer leur bled d'Inde, que les bruits des
courses & rauages des Iroquois les obli-
gerent de faire vn petit gros de guerriers, & aller au fort de Riche-lieu & au
3. riuieres pour s'opposer à leurs enne-
mys. Mais les funestes nouuelles de la
mort du Roy & de Mōseigneur le Cardinal, & ensuite le manque des secours d'a[...]

mes & soldats qu'on esperoit de Fráce les
firét redescédre à Sillery tous tristes, &
comme les nauires tardoient beaucoup,
& que les viures leur manquoient, ils se
diuiserent par petites bandes, & allerent
à la chasse vers Tadoussac, s'esloignans
tousiours de leurs ennemis, & attendans
les nauires.

CHAPITRE IV.

De la façon de viure des Chrestiens.
de Sillery.

PEndant le temps que les
Sauuages ont esté à Sillery, ils y ont frequenté les
Sacremens auec auát d'as-
siduité & de feruuer que
nos François à Quebec, ils ont pris aussi
vn singulier plaisir d'aller quelquefois à
Quebec se Communier & se ioindre à
cette sacrée Table auec nos François,
dont la deuotion les resiouyt & edifie
grandement.

Quoy qu'on fasse le soir les prieres publiques en la Chapelle, plusieurs pourtant ne laissent pas de les faire encor vne

ou deux fois en leur cabane, & tout haut;
ce qui a donné subiet de les appeller les
Cabanes des Priants.

Les petits enfans estans malades, les
parens les apportent quelquefois à la
Chapelle, & les presentent à Dieu, comme à celuy qui en est le maistre, & le
tout auec vne grande resignation. C'est
à vous, Seigneur, cét enfant, disent-ils,
faites en comme il vous semblera bon, ie
vous l'offre. Voicy les termes propres
d'vne mere qui auoit sa fille malade : mõ
Dieu vous pouuez tout, si vous voulez
ma fille guerira, si vous ne le voulez pas,
i'en suis contente, faites ce qu'il vous
plaira, i'aimeray tousiours ce que vous
ferez. Dieu leur rend quelquefois la santé en consideration de cette saincte resignation, quelquefois aussi en la vertu de
l'eau beniste qu'on leur donne à boire.
En voicy vne exemple. Vn ieune Sauuage de Tadoussac fut atteint d'vne forte
pleuresie, au bout de six ou sept iours, ses
gens l'apporterent de Tadoussac aux Religieuses Hospitalieres à Sillery, c'est à
dire de quarante lieuës loin : on le pense
auec grand soin, on le seigne deux ou

trois fois: mais le mal est plus fort que les
remedes: ce pauure garçon se voyant de-
sesperé, se leue comme il pût, se traine à
la Chapelle, fait ses prieres, le pere qui se
trouua là, luy fait boire de l'eau beniste,
& recite l'Euangile sur luy, puis le ren-
uoye en son lit, il commence aussi-tost à
se mieux porter, & dans peu de temps
sort de l'Hospital en santé, auec l'estonnement de ses Compatriotes.

Les Sauuages sont fort peu recognois-
sans de leur naturel, sur tout enuers les
Europeans: le Christianisme les forme
peu à peu à cette vertu. Mõsieur le Gouuerneur retournant l'an passé du fort de
Richelieu, apres l'assaut rude & inopiné
que les Hyroquois y donnerent, & où
ils furent fort mal traitez, nos Sauuages
allerent de leur propre mouuement le
saluër, & porterent deux presens, l'vn
pour le remercier de ce qu'il auoit exposé sa vie pour eux, & auoit chassé leurs
ennemis, l'autre pour essuyer nos larmes
de la prise du Pere Iogue, & de nos hommes par les Hyroquois.

Vn de nos principaux Chrestiens dis-
courans auec vn Sauuage nouuellement

defcendu à Sillery, vit vn de nos Peres qui paffoit par là, voilà, dit-il, ceux qui nous enfeignent, & nous apprennent le chemin du Ciel, ils n'efpargnent rien pour cét effet: ils s'appauuriffent pour nous, ils deuiennent malades pour nous: fi tu paffes icy l'Hyuer, tu cognoiftras par effet la verité de ce que ie te dis; ce qu'ils nous enfeignent eft d'importance, ils nous deffendent tout ce qui eft mauuais, les feftins à tout manger, l'inuocation des demons, la croyance aux fonges, la multiplicité des femmes dans le mariage, & en vn mot toutes nos mefchantes couftumes qui nous donnent & nous iettent dans vn feu apres la mort, c'eft vn feu, difoit-il, qui ne s'efteindra iamais; dont celuy qui nous efchauffe icy fur terre n'eft qu'vn leger crayon, il eft efpouuentable dans fa durée eternelle: ceux qui y vont bruflent fans efperance d'en fortir.

Vne femme ayant ouy difcourir du Purgatoire, & qu'il y auoit peu de perfonnes qui allaffent en Paradis, fans paffer par le feu, fut touchee & fe mit à prier Dieu inftamment pour fa fille def-

funte depuis peu , le pere ſçachant ſa deuotion, luy demanda ce qu'elle faiſoit
pour ſa fille defunĉte, ie dis tous les iours
trois Chapellets (dit-elle) l'vn pour ma
fille, & deux pour le Pere qui eſt mort , il
y a quelques iours(c'eſtoit le Pere Raymbault) et pourquoy deux pour ce dernier,
& vn ſeulement pour ta fille , luy repart
le Pere?s'il eſt vray,dit-elle, ce que vous
enſeignez que peu de gẽs vont au Ciel
ſans aller auparauant dãs le Purgatoire,
ce Pere qui vient de mourir , quoy que
tres homme de bien , y aura peut-eſtre
eſté pour quelque temps, & ie dis deux
Chapellets pour luy,afin que Dieu le de-
liure au pluſtoſt , & qu'eſtant au Ciel il
prie pour ma fille. Ses prieres ſa feront
pluſtoſt ſortir que les miennes.

On aura aſſez remarqué és precedentes Relations que la grande tentation
des Sauuages, eſt que le Bapteſme & la
priere les font mourir. Vn certain appellé François Kokꝟeribabougouz voyant
vn de nos Perés entrer dans ſa cabane,
l'attaque & luy demande s'il ne ſçait pas
enfin la cauſe pourquoy ils meurẽt ainſi
tous,depuis quelques annees qu'on leur

a parlé de noſtre foy, il inſinuoit aſſez clairement que la priere & le bapteſme en eſtoit la cauſe, & parloit auec orgueil, & meſpris de la foy. Il eſt aſſez hautain de ſon naturel, le Pere ſe ſentit obligé de refuter le diſcours de cét homme comme meſchant & ſcandaleux, & reprendre quant & quant ſon orgueil & ſa ſuperbe : mais au lieu de s'humilier, il tire ſon Chapellet, & le iette au feu, en la preſence de tous ceux de la cabane, & du Pere meſme: nos bõs Neophytes ayant entendu cette action en furent entierement indignez, ils vont le trouuer, & luy remontrent viuement ſa faute, & l'incitent à faire penitence, mais la crainte & la confuſion le retenoient; ils retournent deux & trois fois, & font ſi bien qu'il ſe preſente pour receuoir telle penitence qu'on iugeroit conuenable : on aſſemble les Sauuages à la Meſſe dans la Chapelle de l'Hoſpital, il eſtoit cabané fort proche, on le fait demeurer à la porte comme indigne d'entrer à l'Egliſe, apres quelque eſpace de temps on l'appelle, il ſe met à genoux deuant l'Autel, demande pardon à Dieu, & à la tres-

fainᶜte Vierge ; puis à tous fes Compatriotes qu'il auoit fcandalifez , les coniu-
re de l'ayder par leurs prieres à fatisfai-
re à Dieu pour fa faute, ce qu'ils firēt tout
haut & tous enfemble : apres on luy
commande de baifer trois fois la terre :
le pauure homme touché de regret tient
fa bouche colee contre terre : iufqu'à
ce qu'ón le force de fe releuer : le Pere
luy donne vn autre chappellet en figne
de fa reconciliation, & tous affiftent à la
fainᶜte Meffe auec vne joye & deuotion
fenfible. A la fin Noel Texᵧerimatch
Capitaine des Algonquins fe leue &
parle ainfi à fes gens en ton fort & haut :
Mes nepueux refiouyffons-vous, noftre
frere eftoit entre les mains du Diable
& s'il fuft mort, l'Enfer eftoit fa demeure pour iamais; & Dieu l'en a deliuré : il
eftoit mort & le voila viuant, refiouyf-
fons-nous de ce que nous fçauons maintenant les moyens d'appaifer la colere
de Dieu, perfeuerons dans la priere; &
quoy qu'il femble que nous mourions
tous, croyons fortement & fincerement
iufques à la mort & ayons efperance en
celuy qui a tout fait. Apres cette petite

exhortation le pere leur donna la benediction à tous & les renuoya fort con-
tens & ioyeux , cét homme s'est tres-
bien comporté depuis ce temps là toute
sa famille est Chrestienne, Il me presse
à present de luy faire vne petite maison
pour l'an prochain.

Le iour de sainct Iean l'Euangeliste il
fist vn temps fort rude, le froid les vents
& la neige sembloient vouloir tout perdre , c'est chose espouuantable de voir
l'air en ces téps-là. Les Sauuages estoient
pour lors cabanés sur la montagne dans
le bois: on ne croyoit pas qu'ils pussent
venir à la Messe, on enuoya leur dire
qu'ils ny estoient pas obligez : que si les
plus robustes vouloient venir, qu'ils le
pouuoiét par deuotió , mais tous y vinrét
à leur ordinaire. Vne vieille Algonqui-
ne demeura dans sa cabane pour garder
quelques petits enfans, & se comporta
comme si elle eust esté à la Messe, elle
estendit vne image de nostre Seigneur,
se mist à genoux deuant auec les enfans,
recita son chappellet, se leua comme on
fait à l'Euangile, adora nostre Seigneur
comme on fait à l'eleuations, châta cóme
ils

ils ont accouſtumé apres la Meſſe, ſi bien
que quand le Pere l'alla voir, elle luy
diſt qu'elle auoit eſté à la Meſſe dans ſa
Cabane, le Pere l'interroga, comment, &
aprit ce que ie viens de dire.

Vne femme Chreſtienne appellee
Louyſe auoit vne fille malade qu'elle
cheriſſoit comme ſa vie propre, elle la
porte à l'Hoſpital, les Religieuſes qui aymoient ſa mere à raiſon de ſa vĕrtu n'y
eſpargnerĕt rien: mais nonobſtant le remedes ſa maladie redoubloit, deux Sau-
uageſſes payennes la viennent voir, puis
ſe tournant vers la mere là preſente &
fort affligee, luy promettent de guerir
ſa fille, ſi elle veut permettre qu'elles
la penſent à leur façon: c'eſt à dire qu'elle la chantent, la ſoufflent, & la zonglent
auec leurs tambours : mais il faudroit, diſent elles, la porter dans les bois : car autrement ceux qui ont des robbes noires le ſçauroient, & nos medecines
feroient inutiles: au reſte tiens pour certain que ta fille guerira, ſi tu nous obeis:
à Dieu ne plaiſe repartit cette bonne
Chreſtienne, que l'on faſſe quelque choſe à ma fille, qui ſoit côtre la loy de Dieu,

D

craindrois bien plutoſt que cela ne la fiſt
mourir, & quand meſme ie ſçaurois
qu'elle gueriroit de vos medecines,
ie ne le permettrois pas, puis que Dien
le deffend, il n'importe que ma fille meure, pourueu qu'elle aille au Ciel.
Ces deux femmes ſortirent bien eſton-
nees, & ne parlerent plus de rien : il
pleut à Dieu d'appeller à ſoy cette petite creature & d'approuuer la conſtance de la mere, laquelle en demeura
affligée au poſſible : mais nullement eſ-
branlee en la foy, quoy que ce ſoit la
troiſiéme qu'elle a perduë depuis qu'elle
a receu le Bapteſme. Cette eſpece d'affliction ſe retrouuant en quantité de familles Chreſtiennes, eſt-ce pas vne puiſ-
ſante eſpreuue que Dieu leur enuoye, &
à nous auſſi? Sa fille mourut dãs les bois:
car ayant enfin receu quelque ſoulage-
ment à l'Hoſpital, ſa mere qui eſtoit obligee à quelque voyage, la traiſna à leur
façon, comme elle peuſt, le mal redou-
blãt dans les bois l'emporta, elle n'eſtoit
âgee que de huict ou à neuf ans : ſa mere rapporta ſon corps à Sillery pour eſtre
enterré auec ſes parens. Elle nous diſt
qu'elle auoit admiré les penſees & diſ-

cours de sa fille à la mort, pre-
elle tesmoigna qu'elle eust bien d
voir encor vne fois vn des Pere.
reccuoir vn mot de consolation à
passage, que neantmoins elle se conc
en Dieu. Apres elle remercia sa mere du
soin & de la peine qu'elle auoit pris d'elle, pendant tout le cours de sa maladie,
& luy promist en recompense de prier
Dieu pour elle apres sa mort. Son frere
aisné l'estant venu voir, elle luy recom-
manda de faire estat de la foy & des prieres, & côme elle auoit apprins qu'il n'e-
stoit pas bien auec sa femme, elle le coniura de la supporter en son humeur, qu'il
se gardast bien de la quitter iamais, qu'il
eust patience, que luy qui estoit homme,
se deuoir monstrer plus sage. Ie ne sçay
pas où cét enfant de neuf ans au plus
auoir apris tout cela, le S. Esprit la faisoit
parler par dessus son âge.

A peine croira on ce que ie vay dire
d'vn Neophyte Sauuage, puis qu'il s'en
rencontra si peu parmy nos Chrestiens
d'Europe qu'ils le peussent faire. Vn ieune Sauuage Chrestien fut puissamment
tenté par vne femme qui le poursuiuit

...ɔois, & le follicita à mal faire
...ant d'impudence que de char-
...d'attraits, elle y employa tout.
...ɔn ieune homme luy refifte, forte-
...ent la reprend, luy remonftre que Dieu
voit tout; qu'il les regarde, cela ne la rend
pas plus fage, elle redouble iufques à
deux & trois fois, le diable trauaille de
fon cofté, & ioint fes forces auec celles
de la femme, attaque le cœur de ce pau-
re Neophyte, exitant en luy la paffion
& le preffant viuement, le voila tenté
dehors & dedans, il refifte pourtant cou-
rageufemēt, inuoque l'affiftance de Dieu,
& puis fentant que le danger croiffoit,
s'enfuit dans les bois, & abandonné cette malheureufe creature, eftant lors feul
& à l'efcart fe met à genoux, prie Dieu,
luy demande pardon, prend des verges
& fe defpoüillant nud fe chaftie rudement par tout le corps, c'eftoit au milieu
des neiges, & au cœur de l'Hyuer que les
arbres fendent de froid: mais la peur d'a-
uoir manqué, & la crainte de la tentation
le font refourdre à cette penitence, ils
n'en demeure pas là, il court à Quebec où il auoit entendu que le Pere
qui côfeffe les Sauuages eftoit allé, il en-

tre chez nous tout defolé , & fe iette aux
pieds du Pere, luy racôte fa tentatiõ,& le
dãger où il a efté auec autãt de regret que
s'il euft cõmis le peché: les foufpirs & les
larmes entrecoupoiẽt toutes fes paroles,
il demãde penitençe: mõ Pere, dit-il, ne
m'efpargnez pas , ie vous prie dites moy
ce qu'il faut faire, pour appaifer Dieu , ie
fuis tout preft devoˀ obeïr quãd vous me
dõneriez vne penitẽce capable de m'o-
fter la vie: ô Dieu que ie mourrois volõ-
tiers pour celà! le Pere le cõfola fort, eftãt
luy-mefme grãdement cõfolé d'vne telle ferueur, & le r'enuoya auec vne penitence bien legere, & femblable à celle
que plufieurs Ss. ont impofée en tel cas.
   Les Chreftiẽs de Villery ont contribué
notablement de paroles & d'exẽple à la
conuerfion des Atticameges, ils prenoiẽt
le tẽps de faire les prieres publiquemẽt en
leur cabane, quãd les Atticameges les ve-
noiẽt voir: ils deffendoiẽt aux ieunes gẽs
de cette natiõ de vifiter la nuiẽt les filles
qu'ils recherchoiẽt en mariage, felõ leurs
vieilles couftumes , ils ne les inuitoient
iamais aux feftins , que pour parler de
Dieu & de la priere, cõme tous les prin-

D iij

cipaux tãt de cette natiõ que de ceux de
Sillery eftoient vn iour affemblés en vn
feftin (ces feftins ne confiftẽt d'ordinaire
qu'en deux chaudieres de bleds diuers a-
uecvn morceau d'oreignac ou de caftor)
Iean Baptifte qui auoit efté autheur des
Atticameges prit la parole, & dift, ie ne
fçauois autrefois ce que vouloient dire
les François, quand ils nous parloient de
Dieu ; ie penfois qu'ils mentoient : mais
i'ay recogneu qu'ils difent vray, & qu'en
effet il y a vn Maiftre qui a tout fait, &
qui gouuerne tout, & qui doit chaftier
les mefchans d'vn feu eternel, & recompenfer à iamais les gens de bien au Ciel,
le Capitaine des Atticameges tefmoigna
vn grand contentement de ces paroles,
& exhorta tous ces ieunes gens à bien
apprendre ce que on leur enfeigneroit.

Nous auons baptifé ça-bas enuiron
cent Adultes, fans les enfans : voicy les
paroles d'vn des chefs de Tadouffac:
l'Automne paffé en la Chapelle des Vr-
fulines, auec quelques-vns de ces gens
il parloit en vn confeil de Sauuages auãt
fon Baptefme: il y a trois ans que i'efcou-
te les Peres auec attention, & approuue
leurs difcours: i'ay pour cela attẽdu à me

faire baptiſer iuſque icy, parce que le
Bapteſme eſt vne choſe importante à laquelle il faut ſerieuſement penſer: quand
on eſt vne fois baptiſé, on ne peut plus
reculer, il faut marcher, droit & viure en
bon Chreſtien: quelques-vns vous diſent haſtez vous de me baptiſer, & puis
au bout d'vn mois ou deux, ils perdent
leur ferueur, & ne font quaſi plus d'eſtat
de leur bapteſme. Ie ſens mon cœur qui
me dit qu'il voudroit eſtre Chreſtien, il y
a long temps, il ayme la priere, & neantmoins il n'oſe vous preſſer: c'eſt donc
à vous, mes Peres, d'en diſpoſer, voyez,
eſprouuez moy, & ſi vous me iugez tel
qu'il faut, vous me ferez vn plaiſir extreme de me mettre au nombre des Chre-
ſtiës, & ie taſcheray d'eſtre fidelle à Dieu,
ie ne ſuis pas ſeul, voicy pluſieurs de mes
gens qui attendent la meſme faueur: in-
terrogez les tous les vns apres les autres,
& voyez ſi ie dis la verité, & ſi eux-meſ-
me ſont diſpoſez, comme il faut. Apres
ſon bapteſme, & celuy de ſa femme, il
fut marié ſolemnellement à l'Egliſe,
quatre autres de ſes gens auec leurs femmes receurent la meſme faueur des deux
Sacremens de bapteſme & du mariage.

Ie croy qu'il ne sera pas mal à propos de fer-
mer ce Chapitre par vne lettre qu'vn Neo-
phyte Chrestien a dictée de soy-mesme
pour estre enuoyée en France, à vn homme
de consideration son bien-facteur, voyez
ses propres termes & la façon de s'enoncer.

I'Admire ce que vous faites, de ce que vous vouliez
Nimakaterindam Ka tien, ka dich
auoir pitié de moy, de ce que vous vouliez auoir
chayerimien ka yich chayerimach
pitié de ma femme & de mes enfans, nous ne sommes
Niy gaié ninithanisak Nikokyatisimin
pas capables de vous remercier, celuy qui tout fait,
Ki nakymirang missi Ka Kichitytch
c'est celuy qui vous payera : tous les iours nous prions
mi Ke kichikyk kachigokir kigagaryn-
pour vous, i'ay dit au P. Vimont viués
tamyrimin Nitira Pere Vimont Nassi-
vous:car ie n'y attends rien : ie vous donne
nahiker kir ketna nikikerindan, kimirir
mon sac a Petun : fut il ainsi qu'autre chose ie vous
nikachtipitagan, katira kotak nita mi-
puisse donner: vous luy escrirés, mon enfant
riram kiga massinahamaya. Ninitchanis
Iacques qui se nomme, remercie voitre fils
Iaques ka irintch ynakymar khikyisis

Ioſeph   qui eſt appellé   il priera pour
Ioſephet   ka irintch   ɤga gagarɤnta.
luy.   Vousfaites bien de ce que vous voulez auoir
maɤar. Kɤeratch entien ka ɤich Chaɤe-
pitié de nous : fortement nous croyons fut-il ainſi que
rimiang   ſɤnka nitepɤetamin kat nita
nous vous puſſions voir en voſtre pays, nous nous
ɤapmirang endrakieg   niga kichka-
verrons   au Ciel : il vous expliquera tout
baſtimin ɤakɤing kiga irɤtamakɤa
   le Pere le Ieune ,   ie ſuis comme demeurant
kakina P. le Ieune kɤnt niɤintikemack
auec les filles de l'hoſpital , ce n'eſt que comme vne
ikɤeſenſak   kɤnt peiik mi-
maiſon   tout aupres nous demeurons touſiours
kiɤam pechkhich nit'apimin eapitch
ie les honoreray , nous ſommes bien   aiſes
niga manatchihock, nimirɤerindamin
de ce qu'il en eſt arriué d'eux ,   vne qui eſt
Ninch ka michagaɤatch   peiik Ka
petite   l'autre qui eſt grande
agachinchitch Kotak Ka Kinɤſitch
cela va bien de ce qu'elles ſont arriuées, afin qu'elles
Kɤeratch Ka michagaɤatch itchi Ki-
nous enſeignent   & afin qu'elles ayent
kinohamaɤiiamintɤa gaie itchi chaɤe-
pitié de nous.   Nous ſommes bien aiſes de ce
rimiia mintɤa. Nimirɤerindamin Ka
qu'elles ont compaſſion des malades car nous au-
chaɤerimaɤatch eakɤſiritii Ketnami-

eres nous n'auon~ point cette couftume, nous nous

ᴚaᴤint nitichiriᴛiᴤakiſimin Nipaki-
abandonnons nous autres,   quelquefois nous eſtran-

ᴚitimin niraᴤint . Naniᴋᵕᴛᵕnᵕᴤ ni-
glons   les malades : voila autrefois

piskitᵕnebirenanaᴋ eakᵕſitiik mi taᴤch
comme nous faiſions ;   voila pourquoy nous fom-

echiriniᴤakiſiang mi ka ᵕntchi mirᴤe-
mes bien aiſes de ce qu'elles font arriuées icy les

rindamang ka michagaᴤatch ᵕndoire kᴀ
veſtuës de b'anc:depuis qu'elles font arriuées c'eſt de-

ᴤabaᴋoretiik ki akᴤ michagaᴤatch mi
puis ce temps-là qu'elles ont compaſſion de nous.

akᴤ   chaᴤerimiiomintᴤa
Nous admirons de ce qu'elles ont quitté

mimakaterindamin ka nagatahant
leur pays, ie ſuis aagé ie ne puis plus

ᴤᴤatch endrakiᴤatch Niſaſikis ka mini-
trauailler;pleuſt à Dieu qu'vn European   m'ay-

nita arokeſi kat peiik ᴤemichtigᴤch ᴤᴤ-
daſt   à defricher la terre.

chihitch itchi Kitikeian.

CHAPITRE V.

Continuation du mesme subiect.

Stienne Pigarouich dont il est parlé aux precedentes Relations nous a donné cette année des tesmoignages de son zele & de sa vertu, aussi remarquables que iamais. Il arriua vn iour vne querele dans vne famille Chrestienne entre le mary & la femme: ils se frapperent assez rudement: Estiéne entre en la cabane & parle au mary en cette sorte: il faut que les hommes ayent plus d'esprit que les femmes & qu'ils dõptent mieux leur colere: vn bon moyen d'appaiser vne femme quand elle crie, c'est de ne luy dire mot, ou bien sortir de la cabane, & la laisser crier toute seule; ie me suis bien trouué de ce remede: quelquefois ie fais encor mieux, au lieu d'en sortir, ie luy fais

vne leçon fort doucement , eſt ce-la, luy diſ-ie, ce qu'on vous enſeigne tous les iours & bien faſche toy : mais ſçache que tu prens le chemin d'Enfer , & que tu ſe-ras bruſlée par ta colere , ie trouue ſouuent qu'elle s'appaiſe & ſe prend à rire.

Cet hóme parmy ſon zele eſt ioyeux & agreable : il eſtoit vn iour dans vne cabane de Sauuages , où l'on parloit de ce que les Peres auoient enſeigné touchant le Sacrement de Confeſſion; il ſe mit à leur faire vne queſtion à tous les vnes apres les autres , ſça-uoir ſi pour les pechez qu'ils auoient commis, on leur donnoit pour pe-nitence de ſe ietter du haut du grand ſaut de Mommorency en bas (c'eſt vn precipice d'eau qui tombe d'vne mótagne prés Quebec) le feroient-ils? reſpondirent tous qu'ouy, pourueu qu'on leur enioigniſt , & moy auſſi , dit-il, qui ſuis le plus grand pecheur de tous, ie redoute l'Enfer , & crains fort que mes pechez ne m'y attirent, ie me ſou-cie peu que mon corps ſoit englouti dans l'eau, mais ie souhaite ardemment que mon ame aille au Ciel.

La stabilité du mariage est vn des poincts des plus difficiles dans la conuersion, & arrest des Sauuages, nous auons bien de la peine à l'obtenir & à le maintenir. Vne ieune femme voulant abandonner son mary sans iuste subiect, les principaux & plus zelez Sauuages s'assemblerent, & prierent Monsieur le Gouuerneur de leur permettre de faire vne petite prison à Sillery, & y enfermer quelque temps cette femme, & la mettre en son deuoir. Estienne Pigarouich en prend la commission & la faict saisir, & comme elle fut à la porte de la prison, il luy tint ce discours : ma niepce, prie bien Dieu toute la nuict, tu auras du loisir, demande luy que tu deuienne sage, & que tu ne sois plus opiniastre, endure cette prison pour tes pechez, prends courage ; si tu veux estre obeyssante, tu n'y demeureras pas long-temps, elle entre fort paisiblement, se laissant conduire comme vn agneau, & demeura là toute la nuict à plate ter-

re sans feu & sans couuerture, c'estoit le
second iour de Ianuier, au plus rude téps
de l'hyuer : le lendemain matin le Pere
de Rinen la fut visiter auec Estienne, &
luy fist donner vn peu de pain & de la
paille pour se reposer, le Pere la voulut faire sortir vn peu de temps pour se
chauffer en vne chambre prochaine,
puis la remettre en son cachot, mais le
Sauuage luy dist qu'elle deuoit endurer
cela pour ses fautes, & luy mesme l'encouragea à porter patiemment cette penitence : sur le soir pourtant on Iugea à
propos de la deliurer, c'estoit assez pour
donner de la terreur à cette pauure creature, & vn petit commencement de po-
lice à ces nouueaux Chrestiens ; ioint
que la melancholie se mettant dans l'esprit d'vn Sauuage, il en vient à de grandes extremitez, & souuent à vne mort
violente, le chastiment a seruy à cette
ieune femme, & à plusieurs autres.

Le mesme Estienne Pigaronich s'en
vint trouuer vn de nos Peres, le lendemain de Noel de grand matin, & luy
dist : voila leur feste, voila le iour de
mon patron S. Estienne, que pourray-ie

faire pour l'honorer, le pere luy donna
quelques enfeignemens, & fur tout luy
fift voir comme fainct Eftienne auoit
parlé feruemment de Dieu, & donné fa
vie pour la foy ; il s'en va, & apres auoir
entendu la Meffe, & Communié deuotement, il inuite plufieurs Sauuages baptifez, & autres auffi en vn feftin qu'il
leur fift en l'honneur de fainct Eftienne
fon Patron. Puis il leur parle ainfi, vous
fçauez affez mon nom de Baptefme, &
vous auez ouy raconter auiourd'huy à
la Meffe ce qu'a fait fainct Eftienne, eftãt
en ce monde, pluft à Dieu que ie l'imi-
taffe en fa vie & en fa mort, comme ie
fais en fon nom, à tout le moins ie le
veux faire en quelque chofe, c'eft à dire
parlant de Dieu, & de la foy : c'eft donc
ce que ie fais maintenant, vous conuiant
& coniurant tous, que nous viuions &
mourions en la foy, que nous auons pro-
feffee, & pour vous autres qui n'eftes pas
baptifez, le feftin eft pour vous faire cognoiftre mon nom de Baptefme, c'eft
Eftienne, ouy i'ayme le nom d'Eftiéne,
auffi m'eft il plus honorable, que celuy
de Pigaronich, on ne cognoift le dernier

qu'icy proche parmy quelque nombre de Sauuages que nous sommes: si ie passois la mer & que l'on me demandast mon nom, on ne m'entendroit pas, si ie disois, Pigarouich, mais si ie nommois Estienne, incontinent on sçauroit que ie suis amy de Dieu, & de tous ceux qui prient, & que ie porte vn nom qui est chery & prisé au Ciel, & par toute la terre, c'est donc en consideration de ce nom & de celuy dont nous faisons auiourd'huy la feste que ie fais festin : Vous autres quand on nous donne le nom de quelqu'vn qui est mort, pour en conseruer la memoire, on nous oblige par consequent des l'heure mesme d'imiter celuy que nous faisons reuiure, ne vous estonnez donc pas si ie parle maintenant & prends la hardiesse de vous enseigner, ie ne le fais que dans le desir que i'ay que tous nos gés embrassent la foy, & obeyssent à Dieu, & c'est ce que desiroit Sainct Estienne, en enseignant ceux de sa nation, plusieurs festins faits de la sorte cette annee n'ont pas peu seruy à confirmer la feruéur de nos Chrestiens. Au reste

reste ils ne consistent pour l'ordinaire
qu'en vne grande chaudiere ou deux de
bled d'Inde, ou de poids, auec vn cartier
d'orignac ou de castor, selon le nombre
des conuiez, & ils les font pour s'entre-
soulager en leur pauureté, & se faire la
charité les vns aux autres, si bien que faire vn festin, c'est icy à present le mesme
que donner à manger à ceux qui sont en
necessité, & exercer vn acte de misericorde.

Nos Algonquins Chrestiens allerent
vn iour à la chasse auec quelques ieunes
gens Atticaneges nouuellement arriuez,
& qui n'auoient encor guere d'affection
pour la foy, ils virent la piste de deux
orignaux qui alloient l'vn à gauche, l'autre à droict, vn des Atticaneges dist à
nos Chrestiens, qui sera-ce de vous autres Chrestiens, qui nous baillera à manger ? lequel turez-vous des deux Orignaux ? Estienne entendit bien que cét
homme vouloit taxer la priere, & mettoit son esperance en ses superstitions,
auec lesquelles il pretendoit inuoquer
le demon, & faire bonne chasse : il prist
donc la parole, & dist. Ce n'est pas nous

E

qui donnerons à manger, c'est celuy qui gouuerne tout, nous esperons en luy, & non pas en nos iambes ny en nos tambours, s'il veut que nous prenions les premiers des orignaux, cela arriuera, nonobstant vos longleries, s'il veut que ce soit vous qui en preniez, il sera ainsi. Nous allons le prier qu'il nous assiste, & puis qu'il en dispose, comme il voudra, alors il fit mettre tous ses compatriotes à genoux, & les fit prier Dieu : les Atticamegues partirēt les premiers pour suiure les pistes d'vn de ces deux orignaux: mais en vain, ils furent obligez de retourner sans auoir rien rencontré, apres vn extreme lassitude. Les Algonquins partirent seulement sur le haut du iour, & sur le midy ils attraperent la beste qu'ils suiuoiēt, & la tuerent, puis retournāts sur les pistes des Atticamegues, trouuerent encor l'autre, & la mirent à mort, & retournerent fort ioyeux vers les Atticamegues, leur laissant à tous vne tres-bonne odeur de nostre saincte foy, & vn desir du Baptesme.

Vn des premiers Sauuages de Tadoussac nommé Achille, en son Baptesme

par Monsieur le Cheualier de L'isle, s'ar-
resta à Sillery, & y faisoit vne des meil-
leures familles, quelque temps apres
auoir esté baptisé, il fut attaqué d'vne
maladie languissante, qui luy dura plus
de deux ans & demy, pendant lesquels il
tesmoigna tousiours vne grande constance en la foy, & vne grande resignation à la volonté de Dieu: le mal redou-
blant, on le porte à l'Hospital, là où il e-
xerce des actions de vertu signalee, il est
meur pour le Ciel, Dieu l'appelle à soy,
les Sauuages en demeurerent extrémét
affligez : car il estoit remarquable parmy
eux, & l'aymoient fort. Estienne Coiga-
rouich les voyant tous assis autour du
deffunct desolez au possible, & les testes
baissees, en signe de tristesse, leur dist,
mes freres, prenez courage, ne vous at-
tristez pas trop, nous n'auons pas embras-
sé la foy, afin de viure long-temps çà-
bas dans la terre : mais afin de bien viure, & d'aller au Ciel, l'excez de la tristesse ne vaut rien, & desplaist à Dieu, &
vous apportera du mal, que vostre tristesse soit courte & moderee, ne croyez
vous pas que l'ame de cét homme qui

vient de mourrir, & a creu fortement en Dieu, est au Ciel, ou y sera bien-tost, pourquoy doncque pleurez vous ? né faut-il pas que nous mourrions tous ? cette vie n'est pas plus longue que le bout du doigt : mais celle que nous attendons n'a point de fin : c'est ce que nous enseigne la priere, faites en estat, & la gardez constamment parmy toutes les fascheuses rencontres. Ce discours partant d'vn cœur feruent, & prononcé d'vn ton ferme, essuya les larmes de ces paures gens, & leur fist leuer les testes qui tenoient bassees entre leurs mains.

Charles Meiaskꙍat nous fournit encore cette annee dequoy consoler ceux qui ayment nos Sauuages. Il est de Tadoussac, & reside à Sillery en vne des maisons basties à la Françoise, il arriua d'vn voyage des trois Riuieres, peu de iours apres la mort de Monsieur Nicollet, la premiere nouuelle qu'il entendit, fut celle-là, il leue incontinent les yeux au Ciel, prie Dieu pour son ame, va droict à nostre Eglise dire son Chaplet pour le deffunct, & delà à la Chap-

pelle de l'Hospital, où il en fist autant,
puis il veint nous voir chez nous, &
trouuant le Pere de Quem en meilleure santé qu'il ne l'auoit laissé en partant,
il luy dist ces mots, Mon Pere i'ay prié
Dieu pour vous tous les iours, ie luy ay
dit, mon Dieu guarissez le Pere qui nous
enseigne, si vous voyez que cela soit
bien, que si vous voulez qu'il meure, faite qu'il aille droiét au Ciel : aprés celà il
demanda au Pere, ce qu'il falloit faire
pour expier entierement vne faute dont
il s'estoit desia confessé, le Pere luy expliqua les trois sortes de satisfaétions,
l'aumosne, l'oraison, & le ieusne, le lendemain il s'en va à l'Hospital voir les
malades : l'vn desquels luy demanda
vn drap, il sort sans delay, s'en va à
Kebec, achete vn drap au magazin, &
l'apporte à ce malade, il a depuis tous-
jours continué cette charité enuers les
pauures, & les infirmes, & prend vn singulier plaisir à les consoler & leur parler
de Dieu.

L'an passé estant en Caresme dans
les bois pour y faire sa chasse & sa pre-

E iij

uiſion de viande boucanee, il faiſoit ſa cuiſine à part , afin de ne point manger de viande en Careſme , vn iour comme il faiſoit cuire vn peu de poiſſon dans vne petite chaudiere, ſa femme qui n'eſt pas Chreſtienne, & qui eſt d'vn humeur hautaine, ietta de dépit vne poignee de cendre dans la chaudiere, ſe mocquant de luy & des prieres: noſtre bon Charles ſans ſe faſcher ny dire vn ſeul mot, vuide la chaudiere, va querir de l'eau , & la remet ſur le feu , iettant par cét acte de patience vn bon verre d'eau ſur la cholere, & l'orgueil de ſa femme, qui n'oſa depuis rien faire.

Voyant ſon frere qui s'en alloit à la chaſſe, & quelques autres Algonquins Chreſtiens qui alloient au fort de Richelieu , il leur donna à tous chacun vne braſſee de pourcelaine, large de trois doigts : c'eſt vn preſent de valeur parmy eux , afin qu'ils fiſſent touſiours eſtat de la priere, & priſſent garde de ne ſe point perdre parmy les Algonquins de là haut, puis ti-

rant son frere à part (il s'appelle Eustache , & est fort bon Chrestien) il
luy bailla son Crucifix , & luy dist,
mon frere , priez tousiours deuant le
Crucifix , & puis quand vous aurez prié
baisez-le auec amour & respect, sou-
uenez vous de moy en vos prieres , &
prenez courage : reuenez le plutost que
vous pourrez , afin d'estre enseignez,
souuenez-vous que Dieu est par tout,
& qu'il vous void tousiours , ne faites
rien de mal , gardez les Dimanches,
& les Festes , ayez à cét effect vn
papier qui les marque , pour moy ie
ne sçay encor où i'iray , ie feray ce que
me dira celuy qui commande icy, ie
ne dispose pas de ma personne, & ie
ne le veux pas faire : Car ie sçay que
Dieu veut que nous despendions de
ceux qu'il a mis çà-bas en sa place.
l'iray à la chasse du costé qu'il me dira,
puis ie remmeneray le prisonnier en
son, pays, si on m'en donne la commission , au cas que ie ne vous voye plus,
ie vous fais heritier de tout mon petit
meuble, de mon lict, de mes rets , de

E iiij

enes plats François , vous estes desia
auec moy en possession de la petite maison Françoise , que les Peres nous ont
donnée, si ie vay iusque au pays des Al-
beuaquiois auec le prisonnier que ie
dois quitter là , ie voudrois bien auoir
vn interprete, pour leur parler de Dieu
& de la foy , ie le ferois bien volontiers.

Cét homme semble plein de l'esprit de Dieu en ses paroles , & en ses
actions, Dieu luy accorda son desir: car
il eust pour compagnon de son voyage vn ieune homme natif du pays des
Abeuaquiois mesme, & qui parle fort
bien leur langue, & est bon Chrestien,
il ont tous deux remené le prisonnier,
& ont hyuerné aux Abeuaquiois, où
Charles a efficacement presché la loy
de Dieu : mais comme cés gens n'ont
cognoissance ny commerce auec autre
personne qu'auec quelques Anglois ha-
bituëz là , & sont forts subiets à l'yron-
gnerie, par le moyen de la boisson qu'ils
traitét auec les heretiques, & auec les nauires de la coste, les discours de nostre bõ
Chrestien n'eurét pas tant d'effet, vn des

Capitaines Abenaquiois pourtant la
suiuy & a protesté qu'il abandonnoit
son pays pour resider icy, & se faire instruire, afin d'estre Baptisé, il y trauaille maintenant & semble d'vne humeur
docile, & desirer fortement le Baptesme : l'issuë le fera voir : il le faut esprouuer à loisir, l'experience nous apprend
icy & aux Hurons que la multitude de
Saũuages baptisez, & peu esprouuez ne
sert pas beaucoup à l'auancement du
Christianisme , nous voyons à l'œil
qu'vn Sauuage bien esprouué, bien con-
uerty & constant en sa resolution, fait
beaucoup plus pour estendre la foy &
attirer toute vne nation, qu'vne multitude lasche & inconstante.

Nostre bon Charles estant aux Abeũa-
quiois, fut auec eux visiter les Anglois
en leur habitation, il les prenoit pour
des François, ils ne sçauent pas encor
distinguer les Europeans, ny de nation,
ny de religion : Charles donc croit
aller voir des François : estant entré il
tire son Chapellet, & en fait monstre:
vn Anglois prend la parole, & luy dit,
c'est le Diable qui a trouué ce que tu

tiens , c'eſt vne inuention du demon:
Charles ſans ſe troubler le regarde, &
luy dit : mais c'eſt le diable qui le fait
parler & luy met ſes paroles en la bouche,
tu meſpriſes le fils de Dieu & ſa Mere,
L'Anglois ne ſceut que dire voyant vn
homme ſi reſolu, & qui n'entend autre
raiſon que ſa foy. Charles tire de rechef vne belle image : car il eſt four-
ny de toutes les inſtructiõs de deuotion:
l'heretique le voyant luy monſtra vn
vieil linge à terre , & luy diſt, ce que tu
tiens ne vaut pas mieux que cela. Charles le regarde de rechef, & luy diſt. Crois-
tu que Dieu te voye & t'entends. Sçais-
tu bien que tu bruleras dans l'enfer,
puiſque tu meſpriſes ce que Dieu a fait &
ordonné, depuis ce temps-là les heretiques le laiſſerent en paix.

Ce bon homme a eu la conſolation de
voir baptiſer le Capitaine Abnaquiois
qui le ſuiuit. Ce chapitre eſtoit deſia eſ-
crit quand ce Poſelyte preſſant ſon bapteſme ſe vit enrichy d'vn ſurcroy de
faueur qu'il n'attendoit pas : car Monſieur le Cheualier de Montmagny voulut eſtre ſon Parain, au nom du Grand

Maiſtre de Malte : Ce Prince vrayment
zelé pour Ieſus-Chriſt, luy reſcriuant,
l'exhorte de continuer ſon zele, & de
redoubler ſa ferueur, pour la gloire du
Roy du Ciel, & pour le ſeruice de ſa
Maieſté tres-Chreſtienne, qui l'hono-
rant comme il dit, d'vn Gouuernement
temporel, le fauoriſe bien dauantage,
luy donnant vn employ où il y a tant
de Couronnes à amaſſer pour l'Eternité : auſſi eſt-il vray que ce braue Cheualier ne laiſſe perdre aucune fleur ny
aucune perle qui puiſſe ſeruir pour les
eſtoffer.

CHAPITRE VI.

De la venuë des Atticameges & de leur Baptesme.

LES Atticameges font vne des Nations que nous auons au Nort, ils demeurent à trois ou quatre iournées du grand fleuue dans les terres. L'automne paſſé 1642. treize canots faifant enuiron foixante perſonnes, deſcendirent en traite aux trois riuieres, c'eſtoient meſnages entiers contre l'ordinaire de ces peuples, qui n'enuoyent que les plus robuſtes en ces voyages, à raifon de l'extreme difficulté des chemins. Mais comme ils auoient vn deſſein plus releué que ce-luy de la traite, & qui leur eſtoit inſpiré de Dieu, les familles entieres en vou-lurent iouyr. En voicy l'occafion, Iean Baptiſte Capitaine des Montagnets, & refidens à Sillery, & qui tire luy meſ-me fon origine du pays des Atticame-

ges, fut touché d'vn zele & defir de leur
Salut. Il inuita donc leur Capitaine auec
prefens felon fa couftume, pour venir
voir l'habitation de Sillery, & les defers
qu'on leur a fait, & enfemble entendre
parler de la Loy de Dieu:ils accepterent
les prefens & fe refolurent d'obeyr. Le
Pere Buteux qui eftoit aux trois riuieres,
quand ils y arriuerent, les confirma dans
leur refolution, ils defcendent donc à
Sillery fur le commencement de Nouembre 1642. & fe cabanent prés de
Iean Baptifte. Tous nos Chreftiens les
receurét auec beaucoup de charité, chacun fe cotife pour leur fournir leur petite prouifió d'anguilles,&de bled d'inde.
Voicy la façon, vn des principaux Neophytes fort de fa cabane fait vne criee
publique de la part du Capitaine,remon-
ftrant la venuë de ces bonnes gens &
leur deffein : cela suffit, chacun court à
fon petit magafin, préd vn bó paquet &
leur porte fans delay & gayemét. Le Capitaine Atticamege auec cinq ou fix des
plus remarquables, s'en vient à Quebec
pour faluer Monfeigneur le Gouuerneur, & luy rendre raifon de leur arriuée

Iean Baptifte & Noel Tekꝏerimatch
auec deux de nos Peres les accompa-
gnerent, ils remonftrent donc comme
Iean Baptifte leur a parlé de noftre fainéte foy, & du fecours que les François
leur donnoient du grand foing que Mõfieur le Gouuerneur prend de ceux qui
veulent croire en Dieu, que c'eft ce qui
les a amenez : qu'apres auoir efté inftruits & baptifez, ils retourneroient en
leur pays porter les nouuelles à leurs
Compatriotes, Monfieur le Gouuerneur
les receut auec beaucoup d'affeétion, les
encouragea d'efcouter les Peres, & bien
apprendre ce qui eftoit de leur Salut,
puis ioignant les effeéts aux paroles, leur
fait donner vne bonne prouifion de bois
& de gallette : ils s'en retournent à Sillery tous rauis de ioye & fe mettent à
eftudier auec ardeur, le Cathechifme &
les prieres, le Pere Buteux fut leur maiftre. La moitié ont efté baptifez, tous
les autres font Catecumenes & dans vn
fort defir du mefme bon-heur. Mais on
les differe pour de iuftes raifons, il eft bõ
d'efprouuer long-temps les Sauuages fur
tout quand on fe doute que l'intereft té-

porel les porte, ou qu'ils sont plus atta-
chez à leurs erreurs ; il n'y a nation pour
barbare qu'elle soit qui n'ayt ces superstitions. Ceux-cy dont il est question,
mettent toute leur confiance en leurs
tambours , leurs festins & leurs furies
qu'ils font pour inuoquer le manitou &
pour chasser la maladie & la faim, ces erreurs qui ne semblent que des niaiseries,
les possedoiēt puissammēt, ils ne croyoiēt
pas eux-mesmes s'ē pouuoir iamais des-
faire, ils approuuoient pour la plus part
la priere, comme chose bonne & necessaire : mais au reste ne vouloiēt pas quitter leurs superstitions, croyans que c'e-
stoit s'exposer aux miseres qu'ils redou-
toient le plus, l'exemple des Chrestiens
de Sillery, & l'instruction continuelle
les a desabusez & leur a peu à peu arra-
che cette sottise de l'esprit auec les in-
strumens dont ils se seruoient pour les
pratiquer : la marque la plus certaine que
quelqu'vn vouloit dóner de sa bóne vo-
lóté, estoit d'apporter son tábour aux peres qui les enseignoiēt, plusieurs le firent
dés le cómencement de l'hyuer & se rē-
dirent capables d'estre enrolés au nom-

bre des enfans de Dieu, ie toucheray
icy ce qui s'est passé de plus remarquable au Baptesme de quelques-vns.

Le premier qui y fut receu, fut vn appellé Anikoutchi nommé Michel en son
Baptesme, c'est vn ieune homme aagé
d'enuiron 25. ans qui a apporté vn soin
incroyable à se faire instruire, & à receuoir ce qu'on luy disoit: toutes ces pensées n'estoient que de la priere, voire
ses songes; si bien qu'en dormant, il luy
sembloit escouter quelque instruction,
ou repeter ce qu'il auoit appris. Vn iour
le Pere le voulant moderer, luy dist qu'il
ne vint pas si souuent, & qu'il se degou-
teroit de la priere, si on l'instruisoit si
long-temps, ne crains pas cela, dit-il, tu
ne m'en sçaurois tant dire comme i'en
desire, ie me puis bien souler de viande
ou d'autre chose, mais non pas de ce
qui touche la foy : c'est ce qui me plaist,
c'est ce que ie cheris par dessus toutes
les choses du monde, tout ce que ie vois
de beau parmy vous autres François, ne
me touche point : il n'y a que vostre foy
& vostre façon de prier Dieu, qui me rauit le cœur : ie ne souhaitte que cela de

vous

vous, comme il euſt apris qu'vn certain,
dont ie parleray cy-apres, auoit apporté
ſon tambour au Pere, il s'y en vient auſſi,
& luy diſt : comment tu ne m'as pas de-
mandé le mien ? le voilà, ie l'auois deſia
ietté, ie ne ſçais où : dis moy, s'il y a quelque autre choſe à quitter, afin d'eſtre
mieux diſpoſé à mon bapteſme, dis le
moy au plutoſt : car ie ſuis prés de l'executer. Ie ne me ſoucie plus de ce que
pourroient dire de moy ceux de ma nation : ie ne voudrois pas en tout autre
choſe leur deſplaire ; mais en ce qui eſt
de la foy & du ſeruice de Dieu, il m'importe peu de leur plaire ou deſplaire. Ils
ſe mocquẽt de moi, de ce que ievay quelquefois coucher chez vous, ie ne m'en
mets guere en peine, ie le fais pour gagner le temps, & l'occaſion : tu n'as pas de
loiſir le long du iour, que tu viſites les
Cabanes ; la nuict tu as le temps de m'enſeigner. Vn ſoir tout tard, le Pere retournant des Cabanes où il auoit fait l'inſtruction, tomba du haut en bas d'vne montagne fort gliſſante, & enfonça dans les
neiges, la cheute fut aſſez rude & dangereuſe. Ce bon ieune homme qui l'accom-

F

pagnoit afin d'aprendre toufiours quelque bon mot ; le voyant en cét eftat, &
vne petite lanterne à fa main , pour fe
fauuer des precipices de glaces & de neiges; s'efcria , ô que les Sauuages qui
ne veulent pas croire , ne voyent ils
la peine que vous prenez pour eux,
ils iugeroient par là que la priere eft vne
chofe de confequence; & en effect plufieurs de fes compatriotes eftoient touchez, voyãs qu'on ne s'epargnoit ny foir
ny matin parmy des chemins & des tẽps
fi rudes, pour les enfeigner. Ce ieune hõme donc fut choifi auec vne ieune fille
fa parente, aagée d'enuiron quinze ans,
fort modefte, d'vn bon efprit, & bien inftruite, afin d'eftre, comme les premices
de la foy entre les autres de cette nation
du Nort: Nous priafmes Mõfieur le Gouuerneur d'honorer leur baptefme, & de
feruir de Parain, il le fit fort volontiers,
& choifift pour cét effet l'Hofpital con-
facré au precieux fang de Iefus-Chrift.
Les principaux Sauuages s'y trouuerent
tous. Ce ieune homme & cette ieune fille eftoient rauis d'aife de leur bon-heur,
ils refpondirent à toutes les queftions &

Interrogations auec vne hardieſſe & mo-
deſtie qui ne reſſentoit rien du Sauuage.
Monſieur le Gouuerneur donna le nom
de Michel au ieune homme, nous eſpe-
rons que le glorieux Archange prote-
cteur de toute l'Egliſe, eſtendra ſon
bras & ſa force pour la deffence de ces
nouueaux Chreſtiens du Nord, & de ces
peuples les plus delaiſſez du monde. La
fille fut nommee Marie. Apres le bapteſme Monſieur le Gouuerneur fit vn feſtin
remarquable pour le pays, à quarante
des premiers Sauuages. Les Atticamegues
le remercierent, & luy teſmoignerent vn
grand contentement de voir cét heureux commencement parmi leur nation.
En voicy vn autre qui n'a pas teſmoigné
moins d'ardeur & de courage en ſon bapteſme : c'eſt vn appellé Antoine ou
Oüabakoüachits, aagé d'enuiron cinquante ans : ce fut luy qui le premier de
tous apporta ſon tambour au Pere, apres
l'auoir ouy diſcourir vn ſoir à l'ordinaire des choſes de Dieu, il s'eſcria tout
haut, il eſt vray tu as raiſon, & ie proteſte
deuant tous ceux qui m'eſcoutent que ie
ne veux plus auoir de recours au diable,

E ij

ny à mes superstitions, ie les desauoüe,
& en quitte tous les instruments, & veux
estre baptisé, tien voilà mon tambour, il
le iette deuant tous, & comme ce fut le
premier qui fist publiquement & hardiment cette action, il fut fort loüé de tous
les Chrestiens. Cét homme a de grands
sentiments des choses de Dieu & de la
foy, il n'y a riē, disoit-il vn iour, qui m'a-
triste tant que de voir que i'ay si long-
temps obey au diable, & n'ay pas cognu
celuy qui a tout fait, & qui conserue tout,
& i'ay si peu de chose pour l'honorer &
le prier. Ah! que ne suis-ie comme mes
enfans qui estans encor ieunes, ont l'esprit vif & la memoire bonne, pour retenir ce qu'on leur enseigne. Ie me veux
souuent fascher contre eux de ce qu'ils
ne m'enseignent pas tant, comme ie
voudrois. C'estoit vn plaisir de voir cét
homme aagé de cinquante ans se faire
instruire par vne sienne petite fille de dix
ans, il la faisoit seoir aupres de luy, repetoit apres elle son *Pater,* son *Aue,* & toutes les prieres, se faisoit interroger du
Catechisme, comme vn Escolier par son
Maistre, il fut baptisé à nostre-Dame des

Anges, auec vne singuliere consolation
de nos Peres qui y assisterêt. Il faisoit vn
froid violent, & tel que plusieurs en ont
eu quelquefois les bouts des pieds & des
mains gelees, il demeura les mains iointes pendant toutes les ceremonies du
Baptesme, & respondit tousiours auec vn
sentiment de deuotion & d'humilité, qui
parroissoit en tout son exterieur. On baptisa apres luy son fils, aagé de sept ou
huict ans, il voulut encor assister à toute
la ceremonie, & l'encourager par paroles & par gestes à se comporter mode-
stement en cette action: à la fin il luy dist,
mon fils prend courage, c'est maintenant qu'il faut estre ennemy de tout ce
que Dieu deffend, c'est maintenant qu'il
faut estre sage, aprend bien les prieres,
& les retiens, afin de me les enseigner:
Cét homme est vn des plus considerables des Atticameges?

En voicy vn troisiesme appellé Oüe-
ratchenon, qui merite icy place: c'est le
cousin de Michel, duquel i'ay parlé cy-
deuant, il est d'vn naturel hardy, & entrant, ce qui a fait differer son Baptesme assez long-temps: mais les grandes

F iij

inſtances qu'il en a fait, luy ont ouuert la
porte : il eſt vray que l'on auroit de la
peine à croire tout ce qu'il a fait pour
paruenir à ſon deſſein. Du commencement qu'il eut reſolu de pourſuiure le bapteſme : il alla chercher ſon tambour en-
ſeuely, ie ne ſçay où dans les neiges, &
vint trouuer le Pere:tien luy diſt-il, voilà
ce qui a eſté autrefois ma plus grande attache : puis que ie le quitte, i'abandonne
toutes mes ſuperſtitions, ne crains point
de me baptiſer: ie ſuis marié, ma femme
veut eſtre baptiſée, mon fils l'eſt deſia, &
ma mere auſſi, qui t'empeſche donc de
me faire le meſme : ſois aſſeuré de moy,
ie n'auray iamais honte de profeſſer la
foy, depuis que ie ſçais les prieres, ie les
ay fait dire publiquement chez moy le
matin, & le ſoir: dis moy ſi tu deſire encor quelque choſe, ie le feray. Ie te veux
encor eſprouuer, luy diſt le Pere, il patiē-
ta quelque temps, puis interpoſa par pluſieurs fois les Religieuſes, afin d'interce-
der pour luy, & voyant qu'on differoit
encor, il va trouuer le Pere en particulier,
& luy diſt, or çà ſi ie meurs ſans bapteſme à qui en ſera la faute, tu en repondras

à Dieu : car ie le souhaitte auec ardeur,
i'ay fait tout ce que tu m'as dit, i'ay apris
tout ce que tu m'as enseigné, ie le sçay
par cœur, & me voila prest à en faire encor dauantage, & mourir plutost que
rien faire contre la foy, ou la quitter : &
apres tout celà tu me refuse, & que feray-
ie, s'il me faut demeurer tout cét hyuer
sans estre baptisé, & courir les dangers
de mon salut, i'ayme mieux hyuerner icy
aupres de toy, si tu en és content, enfin il
fist tant qu'il obtint le baptesme, & fut
nommé Iean, il s'est tres-bien comporté
depuis ce temps là. Vn iour de Diãmche,
sur le tard le Pere entrant en sa cabane,
le trouua recitant son Chapellet fort deuotement. Sa priere estant finie, c'est dit-
il, pour satisfaire à la faute que i'ay faite
de n'auoir pas auiourd'huy assisté à la
Messe, estant allé depuis cinq iours à la
chasse, pour nourrir ma famille. Le Pere
luy dist qu'il n'y auoit point de faute, puis
qu'il n'auoit peu retourner à temps, il est
vray, dist-il : mais pourtãt il faut satisfaire
de ce que ie n'y ay pas assisté. Vn sien camarade se pleignant à luy de ce qu'il ne
sçauoit pas les prieres, & ne les pouuoit

F iiij

retenir, ce n'est pas de merueille, luy dist-il : car tu ne crois pas fermement & de cœur ce qu'on t'enseigne, & ainsi tu ne te mets pas en peine de l'apprendre, ton esprit ne s'y applique qu'à demi, pour moy ie suis asseuré dans mon cœur, que ie crois & tiens pour certain tout ce que l'on nous enseigne, & ainsi i'employe toutes mes forces, pour le comprendre & le retenir, & en effect il s'appliquoit auec tant d'effort qu'il conceut & aprit par cœur tout le *Pater* en moins d'vne demie-heure, au reste qui cognoistra les Sauuages, s'estonnera de la liberté qu'il eut à reprendre son camarade : car ie diray en passant, que c'est vne chose estonnante du respect que les Sauuages se portent en ce poinct l'vn à l'autre, quoy qu'ils soient priuez de l'humilité, & ayẽt vne entiere liberté, de faire & dire tout ce qu'ils veulent dans leurs cabanes, toutesfois en ce qui est de se reprendre, ils y vont auec vne circõspection, & prudence estrange.

Deux autres furent baptisez en la Chappelle des Vrsulines, Guillaume Pataouabi & Anne sa femme tous deux

aagez d'enuiron vingt-cinq ans, il se sont
rendus signalés non seulemēt à apprendre les prieres : mais encor à les enseigner aux autres. Quant le Pere commē-
ça de les instruire, ils cōtoient les poincts
& les demandes sur leurs doigts:mais le
nombre venant à surpasser celuy des
doigts, ils les marquoiēt sur des escorces
faisants certaines figures qui leur representoient le sens de quelque article, &
s'appliquoient auec grande contention
pour le comprendre & le retenir, & puis
l'enseigner aux autres. La femme auoit
encor sa mere aagée d'enuiron cinquante ans, d'vn fort bon naturel, & qui sembloit nay pour la deuotion : mais au reste
qui auoit vn extreme peine à retenir ce
qu'on luy enseignoit. Cette femme donc
se mit à ayder sa mere auec vn grand
zele : cette bonne vieille aussi s'y appli-
qua de cœur, en sorte qu'auec le secours
de sa fille, elle apprit par cœur en moins
de trois ou quatre iours le Pater, l'Aue,
& le Credo. Le mary n'en fist pas moins
de son costé:car ayant vn sien frere d'vn
esprit grossier, mais de bonne volonté,
il passoit la meilleure partie du iour à re-

batre aupres de luy les prieres & l'instruction, & à les luy faire repeter auec vne
patience admirable & qui ne pouuoit
proceder que d'vne vraye charité depuis leur Baptesme, ils nous ont donné
de beaux exemples de vertu.

Le Mary entrant vn iour en sa cabane
vit vn tambour fait à la Françoise, il le
prend & le met en pieces, disant ie sçay
bien que cela n'est pas mauuais : mais
pourtant il ne le faut pas garder de peur
de faire resouuenir les autres de leurs tã-
bours & superstitions deffendues. Il n'y a
rien, disoit-il vn iour, qui ne me fasse resouuenir de Dieu de quelque costé que
i'aille, ie ne peux rien voir qui n'ayt esté
fait de luy, & où sa puissance & sa bonté
n'apparoissent, la veuë des creatures me
sert pour croire qu'il y a vn Dieu qui
les a faicts & pour l'aymer. Comme il
fut prest à partir pour retourner en son
pays, le sieur Tronquet qui auoit esté son
parin luy fist vn present: ce bon Sauuage
demeura quelque temps sans mot dire,
puis se tournant vers le Pere Buteux là
present luy tint ce discours. Ie ne sçay en
qu'elle consideration cet honneste hom-

me fait ce present, si c'est pour m'inuiter à
garder la Foy, il ne faut que le feu d'Enfer pour m'arrester & me tenir en mon
deuoir: si c'est affin que ie me souuienne
de luy, ie ne m'en sçaurois oublier, si ie
n'oublie le nom de Guillaume qu'il m'a
donné, & que ie cheris infiniment: si
c'est pour monstrer sa liberalité en mon
endroit, ie ne peux autre chose que le remercier, ce que ie fais de cœur & le prie
de croire que iamais ie ne quitteray la
foy en laquelle il m'a seruy de parain:
ceux qui estoiét là presens, n'attendoient
pas cette responce sur le champ d'vn
Sauuage.

Le Capitaine des Atticamegues ne
fut pas Baptisé pour lors, il auoit bonne
volonté: mais non pas toutes les dispositions necessaires sa femme le deuança
& obtint le Baptesme par sa ferueur, & sa
constance & depuis gagna si bien son
mary qu'elle le faisoit prier Dieu soir &
matin, & l'obligea doucement de quitter son tambour, qu'on croyoit qu'il n'a-
bandonneroit iamais qu'à la mort; tant
il y estoit attaché & se vantoit d'auoir
conserué sa vie & celle de ses gens par

les Iongleries qu'il fait auec cet inſtru-
ment. Or quoy qu'il le quittaſt, on diffe-
ra pourtant iuſques au prin-temps ſon
Bapteſme, affin de le rendre plus ſolide:
voicy vn cas de conſcience que ſa femme propoſa au Pere, lors qu'elle eſtoit
preſte à partir, ſi mon mary, diſt-elle qui
n'eſt pas encor Baptiſé veut faire quelque feſtin où le Diable ſoit honoré, ie
ſeray obligée ſeló noſtre couſtume d'a-
preſter la chaudiere, que feray-ie là deſſus: ce ſera bien fait, dit le Pere de n'y
pas mettre là main & de dire à ton mary
que tu as renoncé au Diable, & qu'il en
doit faire autãt. Que ſi neãtmoins tu iu-
geois qu'il te deuſt moleſter au s'alterer
contre la Foy, pour ce ſubiet: tu pourrois
te comporter comme à l'ordinaire, ſans
pretendre autre choſe qu'obeyr à ton
mary, & luy appreſter à manger. Arriue
qui voudra, diſt-elle, ie ſuis toute reſoluë
de n'en rien faire, celuy qui a tout faict,
me donnera des forces.

Vn bon vieillard (c'eſtoit le plus aagé
de la troupe) s'eſtant venu confeſſer
auant que partir, diſt au Pere, c'eſt pour
la derniere fois que ie te parleray, mon

corps s'en va en pouriture, ie le laifferay
dans les bois : mais mon ame ne peut
mourir, prend courage à prier Dieu pour
moy. Penfe en ton cœur que ie feray
mort auec la Foy, & le defir d'aller au
Ciel : quoy qu'il arriue ie ne reprendray
iamais mes fuperftitions : en verité ie te
remercie de mon Baptefme & de m'a-
uoir appris le chemin du Ciel, que te ré-
dray-ie pour la peine que tu as de m'enfeigner ? fi i'auois des forces pour aller à
la chaffe, ie te ferois prefent du premier
Oreignac que ie tuërois , il ne me refte
rien qu'vn petit fac à petun , que i'ay or-
nay & enioliuay côme tu vois : le voilà,
ie te le donne. Le Pere, luy refpondit en
fouriant, ie t'enfeigne pour Dieu & pour
l'amour que ie porte à ton ame & non
pour tes biens, garde le, i'attens la re-
compenfe de Dieu , aye courage & per-
feuere conftâment, affin d'aller au Ciel.

Vne bonne vieille apres fon Baptefme ayant ouy raconter quelque chofe
des grandeurs de la France, dift au Pere:
ie croy que tout ce que vous dittes de
voftre pays, eft vray, mais ce n'eft pas ce
que ie defire le plus, i'ayme mieux le

Paradis que tout cela : si i'y suis vn iour
comme i'espere, ie verray tout le monde, & ce qui est encor de plus beau que le
monde: en verité ie soupire apres cette
maison eternelle & voudrois y pouuoir
mener tous mes gens auec moy ie brusle
d'vn desir de les voir tous conuertis: ô
que ie voudrois bien sçauoir tout ce que
tu sçais: i'enseignerois mes enfans & mes
nepueux, qui sont là haut dans les bois,
ou ils viuent comme des bestes, prends
courage toy qui es amy de Dieu, à nous
enseigner! ô si tu te pouuois embarquer
au prin-temps auec nous, tu nous instrui-
rois dans nostre pays, que ferons-nous
sans Messe, sans Confession & sans maistre ? Ce dernier sentiment auquel nous
ne pouuions pas encor satisfaire estoit
commun à tous ces pauures gés, & nous
tiroit les larmes des yeux: mais pourtant
ce n'estoit pas ce qui nous affligeoit le
plus. Le peu de moyen que nous auions
de les deffendre eux & les autres Sauuages contre les Hiroquois leurs ennemis,
nous dónoit bien plus viuemét au cœur,
& detrempoit la joye que nous auions de
leur conuersion, d'vne amertume extre-

me: i'en parleray cy-apres. Ie reuiés encor vn peu à cette bonne vieille : quand
on faifoit les prieres, elle ne pouuoit permettre qu'aucun de fes Compatriotes
fuffét affis, elle les exhortoit à ioindre les
mains & fe tenir modeftement & fi c'e-
ftoient des enfans elle prenoit elle mefme leurs mains & leur faifoit ioindre durant les prieres. Voyant entrer le Pere
en fa cabane, elle dift à fon fils, voicy le
Pere, prends courage & faits ce que tu as
refolu : au mefme temps le ieune homme tire fes deux tambours & les donne
au Pere auec ces parolles, tien voila mes
tambours, ie les quitte : la mere adioufta,
cela veut dire qu'il renonce au Diable &
demande le Baptefme : cela eft vray, dift
le fils, & ie croy qu'on me l'accordera,
quand ie fçauray les prieres : mais puif-
que ie te donne la chofe en laquelle i'ef-
perois beaucoup pour ma confolation, il
faut auffi que tu me dónes vne chofe que
tu cheris grandement, ie veux dire vn
Chappellet pour honorer la Mere du
Fils de Dieu : le Pere luy en promift vn,
fi toft qu'il auroit appris à le dire, ce qui
fut bien toft fait : il n'eft pas croyable có-

bien ces bonnes gens sont portés à cette
deuotion de dire leur Chappellet en
l'honneur du Fils de Dieu & de sa tres-
Saincte Mere, & combien ils sont paf-
fionnés d'en auoir, sur tout qui soient vn
peu gros & beaux pour les porter pēdus
à leur col. Voicy vne chose qui fera honte à plusieurs enfants de France : le Pere
demandoit vn iour à vne petite fille si
elle vouloit aller au Ciel , & où vou-
drois-ie aller donc, fist elle : mais dist le
Pere en riant, les filles qui n'obeiffent
point à leurs parens comme toy ne vont
pas au Ciel : & comment dis tu cela toy?
puisque tu pries & que tu enseignes qu'il
ne faut pas mentir ny detracter? tu fais
l'vn & l'autre, tu ments & tu parles mal
de moy : car ie ne desobey iamais à mes
parēs, & n'ay garde de le faire à present
que ie cognois Dieu & ayme la priere. La
Mere qui estoit là presente, la seconda:
vn autre se mit de son costé & toute la
cabane eust esté contre le Pere, s'il n'eust
confeffé qu'il auoit dit cela en riant &
pour l'esprouuer.

Les enfans qu'on a Baptisés à l'vsage
de raison, ont donné des tesmoignages
d'vn

d'vn bon esprit, ils conçoiuent prompte-
mẽt, retiennent aisement, & se sont rendus fort assidus au Catechisme; ce qui
n'a pas peu seruy pour les plus grands
qui ont appris les prieres des plus petits,
il est arriué souuent que le Pere voulant
apprendre le Pater, l'Aue, & le Credo, à
des personnes aagés, ils luy disoient: ie
sçay desia tout cela, mon fils ou ma fille
me l'ont appris, ce moyen a tres bien
reüssi : mais il faut auoüer que le grand
desir qu'ils ont eu d'apprendre, & leur
bõ naturel y ont bien seruy. Le Pere entrant le soir en la cabane du Capitaine,
pour y faire les prieres & l'instruction,
on alloit incontinent aux autres cabanes
les aduertir; chacun venoit, tous se met-
toient à genoux ioignoient les mains &
fermoient les yeux pour prier & repeter
auec plus d'attention, si quelqu'vn ne
quittoit pas incontinẽt la besongne qu'il
auoit en main, il estoit rudement repris:
vne petite fille ayant voulu mettre vn
pruneau en sa bouche qu'on luy auoit
dõné pour auoir bien respondu, trois ou
quatre la frapperent sur le champ, & la
firent quitter: vne autre fille aagée de

G

sept ans, voyant sa sœur aisnée badiner
auec ie ne sçay quoy qu'elle tenoit en sa
main, luy arracha disant, c'est le Diable
qui te met cela en main. Quant le Pere
expliquoit quelque poinct, chacun mar-
quoit sur ses doigts si tost qu'il ouuroit la
bouche : c'estoit vn plaisir de les voir
tous leuer les mains en l'air & plier les
doigts selon le nombre des propositions
qu'il faisoit, & comme cela n'estoit pas
assez capable d'aider la memoire, la plus
part peignoient ou faisoiet des marques
sur des escorces auec de la peinture rouge, à la fin ils persuaderent au Pere de
figurer luy-mesme sur vn papier, ce qu'il
leur deuoit expliquer: il faisoit donc certaines marques ou lettres qui signifioiet
le sens des choses : chacun voyant le papier attaché au haut de la cabane le de-
uoroit des yeux : le Pere auec vne ba-
quette leur montroit ce que vouloit dire chaque lettre ou figure, aprés qu'il
auoit parlé ceux qui pensoient auoir có-
pris, prenoient la baguette & en repetát,
faisoint comme ceux qui expliquét des
enigmes, cette façon iointe à leur ferueur & bonne volonté, ne seruoit pas

peu à leur faire comprendre les mysteres de nostre saincte Foy: les Chrestiens
de Sillery estoient remplis de ioye de
voir vn tel succez parmy leurs alliés, &
contribuoient de leur costé puissammēt. Vn entre autre alloit vn iour criant
tout haut autour des cabanes : Attica-
menegues prenez courage croyez ferme-
mēt, si c'est tout de bon que vous croyez,
vous priserez la Foy par dessus toutes les
choses du monde: nous l'experimentons
maintenant en vous autres nous qui
croyons desia depuis quelques Années,
nous sentons combien c'est vn grand
bon-heur de cognoistre Dieu & sçauoir
le chemin du Ciel, les femmes Algon-
quines en faisoient autant de leur costé:
le Pere en rencontra vn iour vne appellée Angelique qui les exhortoit, il l'encouragea & luy dist: tu fais bien; cōtinuë,
elle repart ie le fais de bon cœur : mais
que sçauroit dire vne pauure vieille comme moy, sinon de leur apprendre à dire
le Chappellet, & de le reciter moy-mesme pour eux, cette humilité estoit loüa-
ble : mais au fond quand nous l'enten-
dions expliquer les misteres de nostre

G ij

saincte Foy, elle nous rauissoit, elle demandoit souuent aux Peres & bien que
font les Atticamegues, croyent-ils fermement? sçauent-ils les prieres? pleust à
Dieu qu'eux & tous les Sauuages eussent
vn cœur semblable au mien, ils auroient
enuie d'aimer Dieu dauantage qu'ils ne
font. Cette bonne vieille a quelques parens Atticamegues, elle a voulu aller
hyuerner auec eux dans leurs pays, pour
les ayder à prier Dieu, & à retenir ce
qu'ils auoient appris. Le soir auant qu'ils
partissent pour leur grande chasse, le
Pere Buteux leur fut dire à dieu : tous
s'assemblerent en vne cabane & luy tesmoignerent des ressentimens capables
de fendre le cœur, il les consola, & leur
fist voir le changement que Dieu auoit
operé en eux, la grande obligation qu'ils
auoient d'en remercier la diuine bonté
& de l'aimer, la fidelité qu'ils luy auoiét
promise, les chastimens dont Dieu pu-
niroit ceux qui abandonneroient la Foy,
& se comporteroient mal dans le Christianisme : puis il leur fist deux presens
pour les faire ressouuenir de deux choses, le premier fut vn Crucifix, pour les

aduertir de conseruer la Foy toute leur vie, & se souuenir que le fils de Dieu estoit mort pour eux, le second fut vn baston sec qui n'estoit bon qu'à mettre au feu, adioustant que ce seroit le mesme de ceux qui n'obeiroient pas à Dieu, qu'ils seroient comme vn bois mort, & brusleroient à iamais dans l'Enfer, à la fin se firent les prieres auec vne grande ferueur, le Pere distribua des Catalogues à plusieurs, pour cognoistre les iours de festes & les garder, les femmes attendoient le Pere au sortir de la cabane pour luy dire à dieu, la femme du Capitaine prist la parolle & la mesant de larmes, luy dist : en verité nous auons vn grand regret de te quitter, & que ferons nous sans maistre dans les bois ? à Dieu Pere Buteux, & que fera vne pauure idiote comme moy sans messe, sans Confession & sans aucun qui nous enseigne, les autres femmes n'en disoient pas moins, & toutes dirent à Dieu les mains ioinctes criant : prie Dieu pour nous & pour nos parés, il fallut enfin que le froid & la nuict les separast : voila vne partie de ce qui s'est passé de plus consi-

G iij

derable en l'inſtruction & au Bapteſme
des Atticamegues pendant l'hyuer, ils
ſont retournez au prin-temps aux trois
riuieres, pour iouïr des Sacremens , &
apprendre de plus en plus les choſes de
la Foy, & faire Baptiſer ceux qui eſtoient
les mieux diſpoſez, entre leſquels a eſté
le Capitaine auec deux de ſes filles mariez, ie ne ſçay ſi i'auray loiſir d'en dreſ-
ſer vn memoire auant le depart des Nauires: quand la donation de feu Monſieur
de Sillery n'auro't iamais produit autre
bien, ie crois qu'il eſt tres ſatisfait dans le
Ciel , il eſt vray que Dieu a donné dés le
commencement ſa benediction ſur le
Chriſtianiſme de Sillery , & continuë
touſiours à verſer ſes graces ſur les Sauuages Chreſtiens qui y reſident : mais
leur arreſt y eſt puiſſamment combattu
de deux coſtez. L'vn eſt la peur des Hiroquois qui vont croiſſant en armes, en
forces & en cruauté , l'autre eſt la pauureté du pays & des Sauuages qui les
rend errans,& les oblige à courir pour
chercher leur vie: & ie ne ſçay ſi on pourra continuer les ſecours & les moyens
qu'on nous donne pour remedier à ce.

mal, & faire vn arrest qui puisse estre
stable de soy-mesme, la benediction
que Dieu a donné sur les commence-
mens, nous fait esperer vn bon progrez
& vne heureuse fin.

CHAPITRE VII.

Des Hurons qui ont hyuerné à Quebec & à Sillery.

L E Seminaire des Hurons qui
auoit esté establey à nostre-
Dame des Anges, il y a quelques Années pour esleuer des
enfans de cette nation, fut interrompu
pour de iustes raisons & nómement par
ce quel'on ne voyoit pas de fruict notable parmy les Sauuages, cómençant l'instructió d'vn peuple par des enfans, l'experience nous l'a faict cognoistre, voicy
vne occasion qui nous a obligé de restab-
lir comme vne nouuelle façon de Seminaire : mais plus aisée & pour des personnes plus aagées & plus capables d'instruction, Dieu veille que les courses des
Hiroquois ne nous empeschent pas de
continuer.   G iiij

Vn ieune homme de ceux qui auoient esté autrefois au premier Seminaire des Hurons à N. Dame des Anges, s'estant trouué en vne grande tẽpeste, au milieu de leur grand lac, fist vœu à Dieu s'il rechapoit de mener vne vie plus reglée & plus parfaicte, son vœu est exaucé, il est deliuré contre toute apparence humaine, il va trouuer nos Peres qui estoient aux Hurons & leur cõmunique son vœu & sa resolutiõ, on y pẽse, on delibere, on se resout enfin de le tirer hors de sõ païs, où il estoit en plus grand danger, & de l'enuoyer çà bas affin qu'il fut mieux aydé, & qu'il peust voir l'exẽple des Frãçois & des Algonquins de Sillery: on luy donna pour compagnon vn autre ieune homme Huron, lequel desiroit de se faire Chrestien : ils arriuerent tous deux à Sillery, l'an passé le mois de Septembre, ce fut à cette occasion que i'arrestay derechef le Pere Iean de Brebeuf qui auoit hyuerné icy l'an precedent, & qui n'estoit pas encor remonté, afin de les instruire & d'en prendre la charge, plusieurs autres ieunes gens Hurons qui estoiẽt descẽdus en traitte, se presenterẽt

auſſi à nous pour eſtre receus & eſtre inſtruits : mais le peu de viures que nous
auons, ne nous permettant pas d'en admettre dauantage , vne partie d'iceux
fut contrainte de s'en retourner en leurs
païs , & l'autre de ſe ioindre aux Algonquins pour aller pendant l'hyuer à la
chaſſe ou à la guerre auec eux.

Toutesfois la charité de Monſieur le
Gouuerneur & des Meres Hoſpitalie-
res nous a donné moyen d'en adioindre
trois aux deux premieres , & baptiſer
ceux qui ne l'eſtoient pas chez nous, auec
l'aide que i'ay dit, nous en auons logé &
entretenu quatre , & vers le Printemps
vn ſixieſme qui eſt ſuruenu, tous vniuer-
ſellement parlant, nous ont fort edifié,
ils eſtoient touſiours des premiers à la
Meſſe & aux prieres , & en ſortoient les
derniers au ſoir & au matin , ils ne manquoient pas de faire leurs prieres aſſez
longues à deux genoux, ſoit qu'ils fuſſent à la maiſon, ſoit qu'ils fuſſent dedans
les bois à la chaſſe pluſieurs fois le iour
ils alloient à la Chappelle , pour prier
Dieu, & ſaluër le ſainct Sacrement, ils
n'euſſent eu garde de rien encommen-

cer, sans auoir fait au prealable le signe
de la Croix : Tous depuis leur baptesme
n'ont pas manqué de se Confesser & Cō-
munier au moins tous les Dimanches, &
plusieurs d'entre eux s'alloient Confesser si tost qu'ils pensoient auoir commis
quelque faute vn peu notable : tout le
long de l'hyuer, ils alloient tous les Di-
māches à Quebec, pour assister à la grāde Messe, à quoy ils n'ont pas manqué,
quelque temps qu'il ayt fait, quoy qu'il
y ait enuiron deux lieuës, & qu'il fallust
partir pour l'ordinaire auant le iour, pendant la rigueur de l'hyuer: mais le desir
de plaire à Dieu , & le contentement
qu'ils receuoient à voir la deuotion de
nos François assemblés en l'Eglise, faisoit qu'ils ne trouuoient rien difficile. De
plus la paix & l'vnion, en laquelle ils ont
vescu par ensemble, & auec nos François & les Sauuages Algonquins, & les
seruices qui rendoient volontiers: mon-
stroient assez ce que peut la force de la
foy, & de la grace diuine quand elle s'est
emparée des cœurs mesmes Sauuages.
Voila ce qui a esté commun à tous, voicy
ce qu'il y a de particulier. Celuy qui a

dõné occasiõ à toute l'affaire est vn nõ-
mé Armãt Andeyaraken qui n'a pas peu
seruy par ses exemples & ses paroles à
l'instruction des autres, & à les encourager à bien faire. Nostre Seigneur luy a
communiqué par interualle de grands
desirs de son salut, & mesme quelquefois d'abandonner le monde, & d'entrer
en Religion, laquelle il cognoist fort
bien, & distingue d'auec la vie commune: mais elle demande vne longue espreuue, estre Sauuage, & estre Religieux
sont choses qui semblent bien repugnan-
tes; toutefois la grace de Dieu & le tẽps
pourront tout apporter. Ce ieune homme vint vn iour de cét Hyuer trouuer le
Pere Brebeuf, à la fin de sa Messe, & luy
tint ce discours; Mon Pere i'ay grande
enuie de bien faire & de me sauuer, i'ay
entierement resolu cela: car ie crains ces
feux qui bruslent incessamment sous terre, & qui ne s'esteignent iamais. Pour
paruenir où ie pretens, ie voudrois bien
demeurer tousiours auec vous, & ne retourner point aux Hurons, où il y a grãde peine de se sauuer, les occasions de
pecher sont frequẽtes dedans nos bour-

gades: la liberté y est grande, ie suis pourtant determiné d'obeïr & de faire tout
ce que le Pere Superieur ordonnera : s'il
me commandoit d'aller aux Hyroquois,
i'irois tres-volontiers sans aucune es-
corte, & mesme s'il me commandoit de
me ietter à corps perdu dedans cette riuiere qui passe là deuant, ie le ferois aussi
tost. C'est ainsi qu'il parloit, ne regar-
dant pas à la chose qui de soy est illicite:
mais simplement au commandement: au
reste disoit-il, que le Pere Superieur me
dise ce qu'il me conuient faire, ie suis asseuré que ce sera la volonté de Dieu, &
par ainsi i'y acquiesceray. Archiendassé,
c'est à dire le Pere Hierosme l'Allemant
qui est Superieur aux Hurons, m'a adres-
sé à luy. Ie sçay bien que vous auez encor d'autres Superieurs en France : mais
c'est luy qui tient icy la place de Dieu,
& qui me dira ce qu'il faut que ie fasse.
Le Pere Superieur luy fist dire qu'il
loüoit fort son dessein & sa deuotion,
qu'il perseuerast courageusement, que
nous aurions tousiours vn soin tres-par-
ticulier de luy, que pour ce qui est de demeurer là bas chez nous, on y penseroit,

& on le recommanderoit à Dieu, & qu'il
fist le mesme de son costé: on consulta
apres les prieres faites, & on trouua meilleur qu'il retournast encor en son païs, &
qu'estant craignant Dieu, comme il est,
& assisté de nos Peres, ce seroit le meilleur pour luy & pour les Compatriotes.
Il s'est estudié fortement à la mortifica-
tion de ses mouuemens & inclinations:
souuent il se sentoit porté à disputer, &
quelquefois il s'emportoit à quelques paroles: mais incontinent il rentroit en soy-
mesme, & se taisoit tout court, se souue-
nant qu'il auoit resolu de bien faire. Vn
iour, ayant eu quelque differend auec vn
de nos François, non seulement il s'en
alla incontinent Confesser, mais il alla
demander pardon à celuy qu'il auoit offencé, en l'embrassant tendrement, & du
depuis il luy a rendu tous les seruices
qu'il a peu.

Le premier qui a profité de ces exem-
ps, a esté vn ieune homme nommé Sa-
oüaretchi, qui estoit descendu auec luy,
il est d'vn excellent naturel, doux, paisi-
ble, obeïssant, laborieux, & doüé d'vn
bon esprit; au moyen dequoy il a prom-

ptement apris toutes les prieres. Il fut baptisé la veille de Noël, en la Chappelle dés Meres Vrsulines, & nommé Ignace par Monsieur Martial Piraube, & la nuict mesme de cette grande Feste, il fist sa premiere Communion, & depuis ce temps-là il a tousiours continué à se confesser & Communier tous les Dimanches, auec beaucoup de deuotion: son desir à ce faire instruire, a paru notammēt en ce poinct. Ces camarades vers le cōmencement du Caresme, ayant pris resolution d'aller à la chasse de Lorignac, il dist pour luy qu'il n'iroit pas, & qu'il n'estoit pas venu de si loin pour aller à la chasse: mais afin de cognoistre Dieu, & apprendre à le seruir, & qu'il ne faisoit estat d'aucune autre chose que de cela, que c'est ce qu'il pretendoit remporter à son retour, non pas des peaux Dorignác, ou autres choses: sa deuotion particuliere a esté de ieusner tous les Samedis, pour se disposer à la Communion du Dimanche, & à effectuer promptement tout ce qui luy estoit commandé. Le Baptesme de ce ieune homme nous fait esperer la Conuersion de beaucoup d'au-

tres: car outre qu'il est fort exemplaire &
fort zelé, il apartient à vne des plus grof-
fes & nombreufes familles des Hurons,
qui defia eft toute affectionnée à la foy,
& qui n'attend, ce femble, que le Baptefme de ce ieune homme, pour fe ietter
aprés luy dedans ces fainctes eaux.

Enuiron la-my-Ianuier vn des autres
Hurons, qui auoient pris party parmy
les Algonquins de l'Ifle, & qui auoient
demeuré iufques alors auec eux, aupres
du fort de Richelieu, defcendit exprés à
Sillery, pour fe faire inftruire en la foy,
le bourg d'où il eft natif fe nomme Ar-
rente, il eft nepueu d'vn des Capitaines:
mais ce qu'il le rend encor plus recommandable, eft qu'il eft extremément
doux & fouple à tout. Il a l'efprit & le iugement fort bon, doux & obeïffant au
poffible.

Les Meres Hofpitalieres l'ont logé &
nourry, auec vne charité qui embraffe
toutes fortes de nations. C'eft merueille
combien il leur a donné de contentement, dans tous les feruices qu'on a defi-
ré de luy, lefquels il a rendu auec vne
gaïté, promptitude & conftance, qui

feroit honte à plufieurs François: fon affection enuers la foy s'eft renduë remarquable, non feulement en ce qu'il venoit
conftamment foir & matin trouuer le
Pere, pour fe faire inftruire: mais auffi en
ce qu'ayant efté inftruict de quelque
nouuelle priere ou leçon, il la repetoit
& ruinoit, & tant & fi long-temps, qu'il
la fçauoit auant que de partir : en forte
qu'il n'eftoit nullement befoin de luy redire deux fois vne mefme chofe, il ne
manquoit point tous les foirs, & tous les
matins d'aller dans la Chapelle de l'Hofpital, pour y faire fes prieres, & y demeuroit vne bonne efpace de temps. Il fut
baptifé à l'Hofpital, le 8. de Mars, &
nommé Pierre par Monfieur de Repen-
tigny, qui luy a toufiours depuis tefmoi-
gné beaucoup d'affection.

Enuiron la my Feurier deux autres
ieunes hommes Hurons, natifs du mefme bourg, que le precedent, & pouffez
du mefme defir de fe faire enroller au
nombre des Chreftiens, abandonnerent
auffi les Algonquins au fort de Richelieu, pour s'en venir chercher le Pere de
Brebeuf, afin d'eftre par luy inftruits,
nous

les receumes encor chez nous : faute de
lieu nous fufmes contrains de les loger
auec nos œuuriers: l'vn fe nommoit Atarohiat, & l'autre Atokouchioüani. L'enuie d'eftre au plutoft baptifés, leur enflâ-
ma tellement le defir de fe faire inftruire, qu'ils eurent apris toutes les prieres &
le Catechifme en fort peu de temps, &
l'vn d'iceux, efmeu de ce vehement defir
d'apprendre, ne voulut pas fe diuertir
pour aller à la chaffe auec fes Camarades, difant ; Le temps que nous auons
pour demeurer icy, eft trop court. Ie defire l'employer à me faire inftruire, &
puis d'ailleurs, ie n'ay pas la plus heu-
reufe memoire du monde, ie ne fuis defcendu icy pour aller à la chaffe, & pour
manger de la viande ; fi i'auois eu enuie
d'en manger, ie n'auois qu'à demeurer
auec les Algonquins, là-haut à Richelieu, là ou la chaffe eft bien meilleure
qu'icy, voyant qu'ils fçauoient bien les
prieres, ils demanderent fi ardamment
le Baptefme, difant, entre autre chofe
qu'ils craignoient qu'allant fouuent dãs
les bois, fur les eaux, & autres lieux dã-
gereux, il ne leur arriuaft quelque mal-

H

heur, qu'enfin on leur accorda, ce fut
dans l'Eglife de Quebec où ils furent
baptifez fort folemnellement le iour de
l'Annonciation de noftre-Dame, auquel
auffi ils Communierent pour la premiere fois, felon l'vfage de l'Eglife. Monfieur de fainct Sauueur donna le nom de
Iofeph à Atarohiat, & Monfieur de la
Vallée, celuy de René à Atohouchio-
üarij.

I'ay dit qu'on les auoit baptifez le plus
folemnellement qu'on auoit peu, & ce,
à deffein, parce que cela a beaucoup d'effect fur les efprits des Sauuages, & n'eft
pas enuers eux vn petit motif de credi-
bilité. A ce propos aprés le baptefme de
ces deux derniers, le Pere de Brebeuf
ayant mené tous les Hurons chez Monfieur le Gouuerneur pour le remercier
de tant de bien & d'honneur qu'il leur
faifoit, il leur demanda en fa prefence à
tous, les vns apres les autres, qui eft ce qui
les touchoit le plus, & les portoit dauantage a ambraffer la foy, le premier dift
que ce qui le frappoit dauantage eftoit
de confiderer la toute-puiffance de Dieu,
à qui rien n'eft impoffible, & de pêfer aux

œuures merueilleuſes qu'il a fait, depuis
le commencement du monde, comme
eſt d'auoir tiré du neant tant de creatures, d'auoir fait paſſer les enfans d'Iſraël
au trauers de la mer-rouge à pied ſec,
les auoir nourry de la Manne, l'eſpace
de quarante ans, auoir raſſaſié pluſieurs
mille perſonnes, auec cinq pains & deux
poiſſons, auoir reſuſcité le Lazare, mort
de quatre iours, & vne infinité d'autres
merueilles ſemblables.

Vn autre diſt que ce qui le touche
bien-fort eſtoit de voir des hommes &
des filles Religieuſes, quitter leur pay.
où ils eſtoient bien à leur aiſe, & ſans
danger, pour venir en des lieux où il n'y
a que des dangers, & des incommoditez
incroyables, & tout cela pour les inſtruire & les gagner à Dieu.

Mais la pluſpart reſpondit, que ce qi
leur donnoit dauantage dans les yeux
eſtoit de voir tout ce que l'on faiſoit
pour honorer Dieu, quand nous voyons,
diſoient-ils, tout le monde s'aſſembler,
icy les Dimanches & les Feſtes, pour
ouyr la Meſſe, & pour prier Dieu, quand
nous voyons les Confeſſions & Com-

munion frequente & pratiquee auec
tant de deuotion, quand nous conside-
rons ce que l'on fait pour les Sauuages,
comme on leur faict des champs, comme on leur baftit des maifons, comme
on les affifte au corps & en l'ame, c'eft ce
qui nous fait dire que la foy eft vne chofe importante, & que ce que vous enfci-
gnez eft veritable. Vers le Printemps il
en arriua vn fixiefme, qui auoit efté baptifé en paffant par Montreal, auec
quelques Algonquins, il logea pour l'ordinaire à l'Hofpital, auec Pierre fon
Camarade, & tafcha de recompenfer
auec fa ferueur le peu de temps qu'il auroit, & de fe faire inftruire auant fon Baptefme. Il a donné toute forte de contentement au Pere Brebeuf, le peu de
temps qu'il a peu l'auoir pour fon Maiftre. Voylà l'eftat auquel ont efté nos
cinq ou fix penfionnaires Hurons, qui
feroient fans doute en plus grand nombre, fi les moyens eftoient plus grands,
au refte vne chofe leur a caufé de la
crainte, & donné de la peine, fçauoir le
retour en leurs pays: car difoient-ils, tandis que nous ferons icy parmy vous, il ne

nous est pas quasi possible d'offencer
Dieu, voyant tant de bons exemples de
vertu, & point de vices : mais en nostre
pays : c'est tout au contraire, on ne sçait
que c'est que de bien faire, c'est vn chaos
de confusion & de desordre, & puis disoient les derniers baptisez, il n'y a quasi
encore personne en nostre bourg, ny
des circonuoisins, qui ait solidement em-
brassé la foy, nous sommes les premiers
& les vniques. C'est ainsi qu'ils parloient
& qu'ils representoient le danger, auquel
ils se croyoient d'offencer la diuine
Maiesté : & en effect ils ont iuste subiect de craindre, & nous aussi : &
quand bien quelqu'vn d'eux viendroit à
trebucher, il ne s'en faudroit pas estonner. Nous esperons toutefois en la diuine bonté qu'elle les conseruera, & qu'elle perfectionnera ce qu'elle a commencé. Ils partirent tous vers la-my-Iuin,
pour retourner en leur pays, en la compagnie d'enuiron six-vingts autres Hurons, qui estoient venus en traite. Cette
façon de Seminaire est aisée, & se peut
faire à petis frais, & est excellente, choi-
sissant nombre de ieunes gens de vingt
H iij

ou vingt-cinq ans, de bonne volonté, &
bon eſprit, & les cultiuant vn Automne,
& vn Hyuer parmy nos François, & nos
Chreſtiens Algonquins, leur faiſant voir
& gouſter la profeſſion du Chriſtianiſme parmy nous, & parmy des gens de
leur pays meſme, & puis les renuoya nt
ſous la Garde, & la conduite de nos
Peres, qui ſont aux Hurons : mais
ie ne ſçay ſi la rage des Hiroquois ne
nous priuera point de cette conſolation,
& eux d'vn ſi grand bon-heur. Si les Hurons eſtoient gagnez, la nation des Neu-
tres, & autres voiſines ne tarderoit gueres à ſuiure. Les Hurós qui ſont venus en
traitte, nous ont dit que ce ſont à preſent les principaux du pays qui ſe font inſtruire.

CHAPITRE VIII.

De la Mißion de Tadouſac.

L y a trois ans que nous commençames cette Miſſion, nous allions chercher des nations bien loin, & quittions là nos voiſins, cela prouenoit de leur mauuaiſe diſpoſitiõ, & de l'auerſion qu'ils teſmoignoient aux choſes de la foy : mais depuis quelques années, Dieu en ayant touché d'entre eux fortement, ils ſont venus ſouuent nous voir, & demander d'eſtre inſtruits, puis enfin nous ont prié & coniuré d'aller en leur pays paſſer quelques mois de l'annee, ce qui a tres-bien reüſſi, en ſorte que quantité de petites nations circonuoiſines, eſmeuës du bruiċt & de l'exemple de ces premiers, ſont ſorties de ces grandes foreſts du Nort, comme de pauures brebis eſgarees & perduës, pour chercher elles-meſmes le Paſteur, & ſe ſauuer de la gueule des loups. Ces pau-

H iiij

ures gens, ayant ouy la parole de Dieu,
& gousté sa douceur, s'en retournoient
d'auec nos Peres en leur pays pleins de
regret & de déplaisir, de n'auoir personne qui cultiuast cette semence celeste,
qu'ils emportoient en leurs cœurs ; chacun au moins remettoit de retourner le
Printemps, & l'Esté, & prioit le Pere qui
les enseignoit, de reuenir aussi luy-mesme en ce temps-là. Madame la Duchesse
d'Aiguillon nonobstant les estranges sujets de douleur & tristesse qu'elle a eu, &
qui eussent abattu le courage d'vne infinité d'autres, n'a pas laissé d'estendre ses
soins, & ses affections ordinaires sur nos
Missions, & nommément sur celle-cy de
Tadoussac. Le P. Charl. Lalemãt m'escrit
de France qu'entendant les larmes & les
plaintes des Sauuages de ces quartiers-là,
sur ce qu'ils auoient si peu souuent des
personnes pour les instruire, elle a four-
ny dequoy entretenir cette annee, les
Peres necessaires à cete mission. Auant
que nous eussiõs eu cette nouuelle, nous
auions preuenu ses pensees, & le P. de
Quen y estoit allé dés le Prin-têps, auec
vn heureux succez: en voicy le sõmaire.

Si toſt que les Sauuages eurent entendu la nouuelle que le Pere venoit en
Canot, ils enuoyerent vne troupe de
ieunes gens au deuāt auec vne chalouppe, qu'ils auoient pour l'embarquer, &
comme il mit pied à terre, ils firent tous
paroiſtre vne merueilleuſe ioye auec des
reproches amoureuſes d'vn trop long
retardement contre la parolle qu'il leur
auoit donnée de ſe trouuer à Tadouſac
dés le commencement du prin-temps:
puis ils ſe mirent à luy raconter ce qu'ils
auoient fait en l'attendant. Car voyant
qu'il tardoit, ils auoient choiſi vn ieune
Sauuage fort bon Chreſtien venu de
Sillery depuis peu, & l'auoient eſtably
maiſtre des prieres, il auoit appris à Sillery celles du matin & du ſoir auec la façon de dire le Chappellet. Le Capitaine luy parla, & luy fit entendre comme
il auoit eu charge du Pere ſi toſt que les
Sauuages ſeroient arriués à Tadouſac
au prin-temps de les aſſembler tous dans
vne grande cabane deux fois le iour, le
matin & le ſoir, pour y prier Dieu publiquement qu'ils ne ſçauoient encore gueres de choſes: que pour luy, ayāt hyuer-

né à Sillery, il auoit eu la commodité d'apprendre, & auoit veu la pratique des prieres qu'ils fupplioient d'en prendre la charge, que tous feroient obligés de luy obeïr. Apres luy auoir tenu ce difcours il luy mit vn grãd fouët de corde à gros nœuds entre les mains pour toucher fur ceux qui manqueroient de fe trouuer aux prieres.

De plus par vne fimplicité innocente voyant que ceux qui inftruifent parmy nous, portent vne couronne à la tefte, ils luy en firent vne penfant que cela fuft neceffaire. Ce bon Neophyte exerça fa charge auec vn grand zele & vn grand foing, les affemblant tous foir & matin, prononçant tout haut les prieres, recitant auec eux le Chappellet, & leur enfeignant ce qu'il fçauoit, auec vn grand contentement de tous ces bonnes gens & vne grãde edification de quelques François, qui eftoient defcendus au prin-temps de Kebec à Tadoufac. Le Pere les cõgratula fort à ces bõnes nouuelles, & prit ce ieune garçon pour fon cõpagnon, ne luy oftant rien de fa charge que la Couronne qu'il auoit à la tefte.

La premiere chose que fit le Pere, fut
vne criée par toutes les cabanes qu'on
amenaſt tous les enfans auant l'yſage de
raiſon qui n'eſtoient pas encore baptiſez, afin de leur conferer ce ſacrement,
ce qui fut bien-toſt executé par la dili-
gence & pieté des parents, qui en furent
rauis d'aiſe : ils les amenerent à la Chapelle, c'eſt vne pauure maſure baſtie à la
haſte par les François, qui font la deſcharge des Nauires à Tadouſac, & qui à
faute d'autre lieu, ſert de Chappelle.
Cela fait, le Pere aſſemble en particulier tous les Chreſtiens, & leur fait exhortation, tous ſe confeſſent auec vne
finguliere conſolation & deuotion, il ne
donna pourtant à cet abord la Communion qu'à ceux qu'il iugea les plus capables, ils aſſiſtoient tous les matins aux
prieres, & à la Meſſe, entendoient l'inſtruction qui ſe faiſoit à l'Euangile, apres
laquelle les Cathecumenes ſortoient.
La plus grande partie du iour ſe paſſoit
à enſeigner en particulier, les hommes
& les femmes, à faire le Catechiſme aux
enfants, à diſpoſer ceux qui demandoiết
le Bapteſme, à apprendre par cœur le

Pater, l'*Aue*, le *Credo*, & ce qu'il faut dire
soir & matin, dequoy ils sont tres auides.
Sur la fin du iour ils s'assembloient derechef en la Chappelle; le Pere faisant
vn cry au milieu de ce petit village por-
tatif, vous eussiez veu tous ces pauures
gens hommes & femmes, grands & petits sortir à la foule de leurs taudis, quitter leur besongne, & leurs ieux, & courir à la Chappelle pour faire les prieres,
& escouter la doctrine Chrestiéne. Tous
ceux qui n'estoient pas encore Baptisez,
pressoient auec importunité pour obtenir ce bon-heur, ils s'entrencoura-
geoient, & se demandoient l'vn à l'autre quand seras-tu baptisé? vn d'entre-
eux fameux sorcier, disoit vn iour au
Pere ie voy bien que vous differez tousiours mon baptesme à dessein, vous
croyez que ie le demande par feinte, &
sans desir de quitter mes mauuaises cou-
stumes que vous me reprochez, il n'importe : differez tant que vous voudrez,
esprouuez-moy tant qu'il vous plaira,
enquestez-vous de ma vie, ie ne perde-
ray pas pourtant courage, ie ne laisseray
pas d'esperer, & vous importuner, & assi-

ster aux prieres: le Pere le consola, & luy
donna esperance : mais il n'osa pas s'y
fier encores : ie l'ay desia dit plusieurs
fois, on ne sçauroit trop long temps
esprouuer les Sauuages, ils en font beaucoup mieux par aprés. Le Pere se reso-
lut donc de poursuiure leur instruction,
& leur espreuue, & les differer quasi tous
à la venuë des vaisseaux, ou à l'Automn-
ne, il choisist pourtant deux hommes, &
deux fēmes chefs de deux bōnes familles: qui viuoiēt fort paisiblemēt pour leur
cōferer ces eaux salutaires, tous leurs enfants estoient desia baptisez. Vn de ces
quatre s'entretenant vn iour familiere-
ment auec le Pere, luy racontoit quelque
traits de la diuine Prouidence sur sa vie,
i'ay tousiours esté heureux à la chasse, disoit-il, quand i'allois visiter les attrapes
que i'auois faittes pour prendre des Castors & des Ours, ie trouuois tousiours
ma proye, & ne retournois iamais vuide,
cela m'estōnoit fort, veu que mes camarades ne prenoient souuent rien, ie disois
à part moy : mais qui est celuy là, qui me
donne à manger si liberalement, sans
doubte il m'ayme & me veut du bien,

ie le voudrois bien cognoiftre pour l'en
remercier, là deffus vous ayant entendu
parler, comme il y a vn Dieu, qui a tout
fait, & qui gouuerne tout, i'ay penfé incontinent que c'eftoit celuy qui me donnoit à manger, & m'attiroit à fa cognoif-
fance par ce foing qu'il auoit de moy. Ie
n'ofois pas pourtant vous demander le
Baptefme, n'eftant pas encor affez inftruit, & doutant mefme à par moy, fi ie
pourrois executer ce que vous nous apprenez, viuant vne bonne partie de l'annee dans les bois, où nous fommes contraints de chercher noftre vie. Mais à
prefent que ie fuis fuffifamment inftruit,
& que vous m'affeurez que ie peux honorer ce grand Dieu par tout, & dans les
bois mefmes, attendant qu'il en ordonne
autrement, ie defire l'aymer & le feruir
toute ma vie, & vous prie de me donner
le Baptefme, qui en eft l'entrée : Cét
homme donc fut Baptifé auec fa femme,
& en fuitte furent mariez en faffe d'E-
glife, auec cét autre mefnage, dont i'ay
fait mention. Vne ieuné veufue fort
bien difpofée, les fuiuit, & tous enfemble
tefmoignerent vne deuotion & ioye fin-

guliere. Le Pere auoit prié Monſieur Marſolet qui eſtoit party deuant luy, pour venir à Tadouſac, que s'il rencontroit quelque malade à la mort, il le baptiſaſt. Si toſt qu'il y fut arriué, il va par les cabanes, il trouue vn pauure vieillard qui combattoit auec la mort: depuis quelques iours, & n'attendoit qu'vn heureux moment de la Diuine Prouidence pour luy ceder. Le ſieur Marſolet luy parle l'inſtruiĉt, luy demande s'il veut eſtre baptiſé, que le Pere luy en a donné commiſſion: c'eſt ce que i'attens dit-il, & ce que ie deſire pour partir de ce monde: on le Baptiſe, & incontinent apres il meurt, & s'en va au Ciel prendre la place que cette eau Sacrée luy dóna. Vn enfant tomba malade le lendemain de ſon Bapteſme: ſes parens l'aymoient vniquement, c'eſtoit toute leur cóſolation, on appelle le Pere de Quem pour le viſiter, & prier Dieu pour ſa ſanté, il y va, il trouue ce pauure enfant fort mal, & ſon Pere & ſa Mere triſtes au poſſible, ils n'eſtoient pas encore Chreſtiens, & le Pere eſtoit vn vieillard fort addonné aux ſonges & ſuperſtitions: le

Pere de Quem fait quelques prieres
pour le malade, & tafche de confoler le
Pere & la Mere: mais tout cela auoit peu
d'effect, voicy entrer de bonne fortune
vn des Neophytes de Sillery qui auoit
emmené le Pere à Tadoufac, il s'ad-
dreffe au vieillard, & l'exhorte de mettre fon efperance en celuy qui a tout fait,
que luy feul peut rendre la fanté à fon
fils, & non pas le Diable ennemy de tous
les hommes, mais que s'il defire d'eftre
exaucé, il faut qu'il renonce au pacte
qu'il a auec ce malin efprit, qu'il abandonne fes fuperftitions, & qu'il donne
prefentement au Pere les inftruments
dont il fe fert, ie l'ay defia fait, refpond-
il, i'ay ietté mon tambour, & ie vendis
hier aux François vne robbe fuperfti-
tieufe que i'auois fait peindre, comme ie
l'auois veuë en fonge pour ma fãté; voilà qui va bien, repart le Neophyte, mais il
faut encore donner le fac que vous te-
nez caché, c'eft là où eft le refte de vos
maudits inftruments, à ce mot ce bon
homme fut furpris, c'eftoit luy arracher
le cœur que de luy enleuer ce paquet, où
il auoit enueloppé le refte de fa magie:
mais

mais qu'euſt-il fait, il craignoit plus la
mort de ſon fils encore que la perte de
ce ſac. Il le prend donc, & le met entre
les mains du Pere, tremblant de tout le
corps, comme s'il euſt deu perdre tout ce
qu'il auoit au monde ; alors le Pere commande à tous les Sauuages de ſe mettre
à genoux, & prier Dieu pour la ſanté de
cét enfant, ils le font, & pendant vn Crucifix au deſſus de ſa teſte, à la place du ſac
de magie, il plûſt à Dieu que la fiévre di-
minuaſt deſlors, & le lendemain l'enfant
eſtant guery, ſes parens l'emmenerent à
l'Egliſe, fort conſolez, & prierent le Pere
de les inſtruire, & diſpoſer au bapteſme,
ce qu'il fiſt, mais il n'oſa pas encore leur
confier le Sacrement, remarquant en
eux de fois à autres quelque attache à
leurs ſonges & ſuperſtitions.

Voicy en ſuitte de cette hiſtoire vne
action genereuſe de ce bon Neophyte,
qui auoit charge des prieres auant l'arriuee du Pere, comme le Vieillard euſt
donné ſon ſac de magie, ce ieune Chreſtien ſe ſouuint que le Pere auoit preſché
le iour d'auparauãt, qu'il ne falloit point
eſtre hypocrite, ny croire à demy, &

I

donner seulement vne partie de ses instruments diaboliques, cachant l'autre,
qu'il falloit tout donner, qu'il iroit luy-
mesme vn de ces iours en faire la visite
par les cabanes. Ce bon Neophyte donc
à la veuë du sac du Vieillard, se sent poussé de l'esprit de Dieu, s'en va subitement
dans toutes les cabanes, foüille tous les
paquets, visite tous les sacs, emporte sans
resistance luy seul toutes ces despoüilles
du demon, les porte à la Chapelle, & en
fait vn present à Dieu. Le Pere tout
ioyeux de cét heureux coup, appelle les
principaux Sauuages, leur fait vn festin,
se console auec eux, & leur monstrant en
vn monceau tous ces miserables instruments: voila leur dist-il, ce qui retient le
diable parmy vous; voila les cordes dont
il vous lie, sus mettez y le feu, bruslez-
les. Le Pere leur fait vn present de petun,
& chacun allumant son calumet, iette le
feu quant & quant dans ces meubles
d'impieté, puis ayant tous ensemble remercié Dieu, & chanté vne chanson, en
signe de resioüissance, ils s'en vont fort
contents.

Outre les superstitions, ils ont encore

d'autres vices, qui nous donnent bien de
la peine, ils font paffionnez au dernier
point de la boiffon, & s'enyurent facilement, quand ils en peuuent traiter, de là
s'enfuiuent les pechez deshonneftes, fur
tout en la ieuneffe. Ceux qui leur ven-
dent du vin ou de l'eau de vie, font vn
tord irreparable à leur falut. Vn Neophyte zelé fift vn traict hardy fur ce fubiect. Le Pere ayant vn iour acheué fon
exhortation : ce Chreftien fe leua, & demanda permiffion de dire vn mot à l'af-
femblee. Ouy da, dit le Pere, parlez : nous
vous efcouterons. C'eft vn bruict qui
court fit-il, que la ieuneffe fe desbauche à
prefent, qu'on va voir les filles la nuict,
que les filles deuiennent follaftres &
fans efprit, qu'il y a des hommes parmy
nous, qui veulent auoir deux femmes, ce
n'eft pas là ce que nous auons promis à
Dieu, il faut empefcher que le mal n'aille
plus auant : pour moy ie ne veux pas faire
du Capitaine, n'y encore moins du Do-
cteur : mais i'ay de la peine à tenir mon
cœur & ma langue, quand ie vois, qu'on
ferme les yeux à vn mal cognu, il faudroit que ceux qui fçauent ces coureurs

de nuict, & ces perſonnes qui ne ſe con-
tentent pas d'vne femme, les declaraſ-
ſent publiquement: vne bonne vieille qui
eſtoit au Sermon, touchee de la crainte
de Dieu, prend la parole, & nomme tout
haut ceux qu'elle cognoiſſoit. On ſort
ſur le champ de la Chappelle, on s'aſſemble dans la plus grande cabane, on y appelle le Pere, vn Neophyte va luy-meſme chercher les garçõs & les filles qu'on
auoit nommez, & d'autres qu'on ſoup-
çonnoit, les oblige d'entrer; on les inter-
roge tous, ils auoüent franchement deuant toute l'aſſemblee telles viſites: mais
ils proteſtent que ce ne ſont que recher-
ches de mariage accouſtumees parmy
eux, ſi cela eſt, diſt, noſtre bon Chreſtien,
declarez vos affections à vos parens, prenez leur aduis, & celuy du Pere, de peur
que vous ne vous repentiez, quand vous
ſerez liez dans le mariage, & qu'ainſi
vous ne vous quittiez auec ſcandale, vi-
ſitez-vous le iour, & non la nuict, la foy
& la priere nous deffendent cette couſtume: ils le promirent, & s'en allerent
fort contents de part & d'autre. Cela
n'a pas peu ſeruy.

Ce mesme Neophyte fut blessé l'Automne dernier, par la cheute d'vn gros
arbre qui tomba sur luy, tout au trauers
du corps, & le mist en danger de sa vie:
Dieu le deliura pourtant, quoy qu'il luy
soit resté vne douleur d'estomach continuelle : si tost qu'il se fut retiré de ce
mauuais pas, il remercia Dieu de luy a-
uoir conserué la vie, & s'humilia quand
& quand, recognoissant que ce mal luy
estoit arriué pour chastiment de sa faute,
de ce que commençant son trauail, il ne
l'auoit pas offert à Dieu, selon sa coustu-
me, & proposa de ne plus rien entreprendre, sans l'auoir presenté à Dieu, & implo-
ré auparauant son assistance. Le Pere e-
stant arriué à Tadousac, il le vint incontinent trouuer pour se confesser, puis
s'entretint auec luy des bons sentiments
que Dieu luy auoit donné pendant l'Hyuer; ie vous diray franchement, dist-il,
la pensee que i'eus, quand ie fus blef-
sé, afin que vous la redressiez, si elle n'est pas bonne : ie disois à Dieu,
Seigneur ie voudrois bien guerir, &
viure iusques au Prin-temps, afin de voir
encore vne fois les Peres qui m'ont

inſtruict. Ie ſçay, mon Dieu, que ie vous ay offencé, & qu'il y a quelque choſe dãs mon cœur qui vous déplaiſt, ſi ie meurs auant la venuë du Pere, ie ne pourray me confeſſer, & cela m'empeſchera peut-eſtre de vous aler voir au ciel, voilà ce qui m'afflige, & qui fait que ie vous demande la prolõgation de ma vie, iuſques au Prin-temps où ie verray le Pere, s'il garde ſa promeſſe, faites neantmoins mõ Dieu tout ce qu'il vous plaira, vous eſtes le maiſtre de la vie, ie vous demande pardon des pechez que i'ay cõmis, ie deſire d'y ſatisfaire, & dés maintenant ie me reſous de ne point manger tout ce iour-d'huy pour chaſtier ma chair : ie ſentiray la faim dans l'abondance de viande, que nous auons à preſent, afin d'appaiſer voſtre colere : il adiouſta que ce iour-là qu'il auoit ieuſné, il l'employa quaſi tout en prieres, & nõmément à reciter ſon Chapellet, en ſe pourmenãt ſeul dãs les bois, au plus grand froid de l'hyuer, & ſans approcher du feu, le Pere l'encouragea fort à la perſeuerance, & au zele qu'il auoit pour empeſcher les vices; il en fit autant enuers les Capitaines, & les principaux

Sauuages, il ne demeura pas plus d'vn
mois & demy en cette million, laquelle
les Chrestiens de Sillery me contraigni-
rent d'interrompre: depuis i'y ay enuoyé
le P. Buteus à l'arriuee des nauires, afin
de continuer ce sainct ouurage, & nommément pour empescher les desordres
de la boisson, que les Sauuages traictent
en cachette auec les François, qui sont
dans les nauires, nonobstant les deffen-
ces & les chastiments de Monsieur le
Gouuerneur: la passion de quelque pel-
leterie, les aueugle & les fait tomber en
cette faute, qui perd les ames & les corps
de ces pauures peuples. Ils s'apperçoi-
uent bien eux-mesmes, que la boisson
leur cause des maux infinis. C'est pourquoy les Chrestiens ont prié nos Peres
de faire tout ce qu'ils pourroient, pour
empescher que les François ne traitas-
sent ny vin ny eau de vie à leur gens.
Monsieur de Courpon Admiral de la
flotte, y apporta toutes les diligences
possibles dés son arriuee, faisant paroistre vne ioye bien sensible de la conuersion de ces pauures peuples, luy mesme a
voulu estre le Parain de quelques-vns.

I iiij

Voicy vn mot que m'en efcrit de Tou-
fac le Pere Buteux. Les Sauuages d'icy
font fort bien ; les Capitaines me con-
tentent grandement : mais il y a bien à
craindre que le vin & l'eau de vie ne faf-
fent de grand maux, i'y apporteray tout
le remede poffible, i'attendray pour
cét effect iufques apres l'Affomption de
noftre-Dame à m'en retourner, ie m'en
vais en baptifer quelques-vns à cette arriuee des vaiffeaux, defquels nous auons
eu nouuelle, ce iourd'huy feptiefme
d'Aouft à midy. Voila pour le prefent
l'eftat de la miffion de Tadoufac, qui
eft l'entree de toutes les autres qui font
dans cette grande riuiere. Les Sauuages
de Gafpé & Miskou, qu'on rencontre
encore deuant eux, venants de Fráce, en
ont eu le bruit, & cómencent à fouhait-
ter la foy, & foufpirer aprés leur falut.
Voicy ce qu'en efcrit au Pere le Ieune, le
Pere Richard qui demeure à Mifkou,
auec le Pere Lionne arriué cette annee
de France.

M. R. P.

Ie remercie affectueufement V.R.des
efcrits qu'elle m'a enuoyés de la langue

Montagnese, i'en feray Dieu aidát mon
profit. I'en ay parcouru quelque chose,
ou i'ay remarqué quasi la mesme façon
de s'enoncer, quoy que les mots soient
tous autres parmy les Sauuages de ces
costes. Ie vous ay desia escrit par Nøda-
garo vn de nos bons Sauuages qui s'en
va voir ses parens & amis par de-là : car
il se dit Mótagnés. I'espere que l'exemple de ses Cópatriotes & les instructions
de nos Peres luy seront vtiles. Il a de
bonnes volontez, prie volontiers Dieu,
se comporte sagement, reçoit les aduis
& instructions Chrestiennes qu'on luy
donne. Ie le tiens pour l'vn de ceux qui
receura des premiers la Foy. Ie desire-
rois qu'il apprehendast l'importance de
son Salut, & du moyen de l'obtenir, &
ne se flattast point du pretexte de prier
Dieu, comme si cela suffisoit à le faire
homme de bien. Ie vous le recommande, quantité de nos Sauuages non seulement de ceste Baye, mais de toute la
coste, montent à Tadousac, quelques-
vns particulierement des ieunes pourront dóner iusque à Kebec, & par delà
pour aller en guerre cótre les Hiroquois.

Ie me reſiouïs que ſans y penſer ils trouuent de grandes occaſions d'entrer en
cognoiſſance de la Foy. La Miſſion de
Tadouſac aura vn beau champ à trauailler, qui donnera ſon fruict en ſon temps,
toſt ou tard la parole de Dieu aura ſon
effect, que diriez-vous que ie confeſſay
il y a quelque temps vne pauure femme
qui auoit eſté baptiſée par le R. P. Biar
au commencement que les François ha-
biterent ces coſtes. Cette pauure creature eſtant tôbée malade, au cómencemét
de l'hyuer, fuſt contrainte de ſuiure ou
pluſtoſt ſe laiſſer porter & traiſner apres
ſes gens dãs les bois, où elle languiſt tout
l'hyuer. Au prin-téps ie la reuis en pauure eſtat deſſeichant & mourant peu à
peu. Nous la ſecouruſmes de ce que nous
auions. I'appris cependant qu'elle auoit
eſté baptiſée au Port Royal, ſon fils me
l'aſſeure, elle me le confirme, & m'en
donne des marques, & touche des cir-
conſtances qui me le font croire. Ie l'in-
ſtruis de nouueau es myſteres de la Foy.
Ie la confeſſe, elle s'en va auec quelques
ſiens parens qui arriuerent là, & peu de
iours apres on nous rapporta ſon corps

que nous enterrafmes auec les ceremonies de l'Eglife, ainfi la Prouidence diuine conduifit cette pauure creature au
poinct de fon bon-heur par des voyes &
rencontres admirables. V . R. fe fouuient
elle du rencontre qu'elle euft l'an paffé
d'vne partie de nos Sauuages? C'eftoient
des guerriers, qui ne laifferent pourtât de
fe vâter de prier Dieu, ils m'ont fait recit
de l'accueil qui leur fut fait, mais ceux
qui demeurerent, firent plus fagement.
Eftât venus icy, ils m'obligerêt de tenir
la parole que ie leur auois dónée de les
aller voir l'efté, s'ils fe trouuoient enfemble. Ie ne leur peus refufer. Ie fus auec
noftre garçon, ils me baftirent promptement vne cabane approchante de la forme de nos baftimens, qui deuoit princi-
palemêt feruir de Chappelle, ou ils s'af-
fébloiêt foir & matin pour faire les prieres que ie cómençois, & ils me fuiuoient
mot à mot, apres le figne de la Croix, ie
recitois en Latin le *Pater*. Puis en leur lã-
gue la mefme oraifon. I'adiouftois vne
priere en leur langue côtenât les principaux actes qu'ils deuoiêt faire, toutes lef-
quelles prieres ils difoient apres moy.

Le soir i'adiouſtois vn petit mot d'inſtruction Chreſtienne, ce que ie ne pouuois ſi commodement le matin, car les
femmes, les enfants, & ieunes gens
n'eſtoient pas ſi matineux que les hômes
quiſe diligentoient d'acheuer leurs canots, ſi bien qu'il fut à propos de les aſſembler dés le grand matin pour prier
Dieu : & puis ſur les ſept ou huict heures
les femmes & la ieuneſſe ſe rangeoient à
la Chappelle pour faire le meſme. La
diſette & la neceſſité les obligeoient d'a-
cheuer promptemét leurs canots. Si eſt-
ce pourtant qu'ils ne voulurent pas y trauailler le Dimanche : mais demeurerent
en repos, & ſe couurirent de leurs plus
beaux veſtements. On les pourra à mon
aduis aiſement maintenir dans l'obſer-
uance des commandemens de Dieu, &
de l'Egliſe, lors principalement qu'on
fera auec eux. Ils ont cette penſée qui
eſt veritable, que faire profeſſion d'ado-
rer Dieu, c'eſt mener vne vie irreprocha-
ble. Vn ieune garçon me deſroba vn
peu de Petun que i'auois pour les grati-
fier, lors que cela fuſt deſcouuert, comment, diſoient-ils, il prie Dieu, & il deſ-

robe ? c'eſt le premier larrecin que i'ay
veu parmy eux. Car ils ont les mains
fort nettes du bien d'autruy. Vn autre
me parlant d'vn certain qui fait eſtat de
prier Dieu, & s'amuſoit pourtant à boire, comment, dit-il, cela s'accorde-il bien
prier Dieu & s'enyurer ? que ne luy reproches tu? que ne préd-il exéple ſur vo⁹
autres PP? Ie les ay trouués aſſez curieux,
Ils m'ont fait quantité de queſtions ſur
des choſes & artificielles nature lles ; la
cognoiſſance deſquelles les a ſi fort reſ-
jouïs, qu'ils ſe flattent d'vne eſperance
d'eſtre bien toſt ſçauans en tout, par noſtre moyen. Ils nous aiment & reſpe-
&ent, & noſtre conſideration les retient
en deuoir. Ie t'obeiray, me diſoit vn iour
vn des plus renommez de la côſte, & ſi
tu demeures auec nous, ie ne m'amuſe-
ray plus à boire. Ie te croiray & ſuiuray
tes aduis, nous verrons ſi luy & les autres ſont hómes de parole! car vn grand
homme de bien nous fournit trois hommes, pour aller baſtir vne petite maiſon
parmy eux, nous l'allons commencer
dans vne riuiere qu'ils appellent Nepe-
gigvit à 18. lieuës de cette habitation. Si

i'euſſe ſceu cela, i'en euſſe peut-eſtre retenu quelques-vns qui s'en võt voyager
& paſſer l'eſté d'vn coſté & d'autre. Il y
a pourtant tel qui m'a donné parole de ſe
ranger auprés de nous, lors qu'il enten-
dra que nous y baſtirons, tel m'a reproché le trop de délay que nous y appor-
tions. Il y a, diſoit ce Capitaine, long
tẽps que tu nous promets de venir auec
nous, & maintenant que voicy le prin-
temps, tu nous remets encore, pour moy
ie ne fais point comme cela, quand i'ay
dit vne choſe, elle vaut faicte. Ces bonnes gens ne cognoiſſent pas les difficultez de ſemblables entrepriſes. Monſieur
Deſdames Capitaine icy depuis quatre
ans, a touſiours fort obligé cette Miſſiõ,
mais particulierement cette année, pendant la maladie du R. P. Dolbeau qui a
eſté longue & dangereuſe. Il en fut attaqué à Noel, & a trainé & languy tout
l'hyuer dans de grandes & diuerſes douleurs; au prin-temps ie veux dire enuiron le mois d'Auril, ces douleurs le
quittant, l'ont laiſſé dans vne impuiſ-
ſance des bras & des mains qui ne luy
permet de celebrer la ſaincte Meſſe.

Or pendãt tout ce temps Monfieur Def-
dames l'a fi charitablement & puiffam-
ment affifté en tout , qu'il luy doit en
partie , la conferuation de fa vie. Cependant la Prouidence de Dieu qui gouuerne toutes chofes efficacemẽt & doucement , voulant retirer le P. Dolbeau
de ce pays icy , pour s'en feruir ailleurs
felon fes deffeins , a conduit icy le Pere
Lyonne par des voyes bien particulieres , pour prendre fa place, & trauailler
en cette vigne fructueufement. Il eft
vray qu'il eftoit pour les Hurons , mais
voyant la neceffité ou nous eftions, &
qu'il eftoit à propos que le Pere Dolbeau retournaft en France pour la conferuation de fa vie, & recouurement de
fa fanté , comme il ne cherche que *Dieu*
& ne fe foucie pas du lieu où il trauaille
à fa gloire , il a volontiers confenty &
aggreé de demeurer icy. Ie le recommande affectueufement au SS. SS. &
prieres de Voftre Reuerence , ce que
fait auffi de Voftre Reuerence,

Seruiteur tres tres-humble en N. S.

André Richard.

Non seulement les Sauuages de ces cartiers-là ont ouy parler de nostre saincte Foy, mais aussi quantité de petites nations du Nord, dont en voicy les nôs. Les Kakouchakhi, ceux qui se trouuent à Maouatchihitonnam, c'est le lieu où les Hurons font leur assemblees venans traitter auec les Nations du Nord. Les Mikouachakhi les Outakouamiouck. Les Mistasiniouek, Oukesestigouek, Mouchaouaouastiirinioek. Ounachka-piouek, Espamichkon, Astouregami-goukh, Oueperigoueiaouek. Oupapi-nachiouek, Oubestamiouek, Attikame-gouek. Les Chrestiens de sainct Ioseph & de Tadoussac, ont porté le nom de Iesus Christ, dans toutes ces petites Na-tions auec lesquels ils ont quelque com-merce. Le iour qu'ils commencent de voir, croistra auec le temps iusques à son Midy.

CHAP.

CHAPITE IX.
De l'Hospital.

TOVT le Canada a fondu en
dueil à la nouuelle de la mort
du Roy, & de Monseigneur
le Cardinal: mais cette mai-
son de Misericorde en a plus de subiect
qu'aucun autre, veu la tristesse arriuee en
suitte à Madame la Duchesse d'Eguillon, qui en est la fondatrice: sa douleur
a percé viuement le cœur de ces bonnes
Religieuses, qu'elle a cheries côme vne
mere ses enfans, & ie ne sçay quãd leurs
larmes s'essuiront: mais enfin il faut que
la resignation & conformité à la volonté de Dieu, que cette Dame pratique si
hautement parmy des accidens si funestes, appaise aussi & calme le cœur des
Religieuses: Nous deuons esperer que la
diuine bonté remediera à tous ces mal-
heurs. Dieu est Pere des affligez, & des
pauures, il en a vn soin particulier, & y
prend ses delices: & ceux qui ont à present le pouuoir en main, imitent forte-

K

ment cette charité de Dieu, comme ils
en tiennêt la place çà-bas en terre, nous
le sçauons bien : mais venons à ce qui
s'est passé en cette maison de Misericorde, outre l'ornement & la consolation
qu'elle donne à toute la Colonie, elle
sert d'vn fort appuy à l'arrest des Sauuages, & emporte vne bonne partie des
frais & du fardeau, la Bourgade de Sillery est encore petite: mais ie doute fort
si sâs cette maisô, qui s'y est establie: elle
eust peu arriuer à l'estat où elle est, & ie
ne sçay encore si elle pourroit subsister
sans cét aide : il en a bien cousté des incommoditez à ces bonnes filles: la iournee d'vn homme qui ne reuient pas icy
à moins de trente & quarante sols, a esté
souuent employée pour aller à Quebec
querir vn peu d'herbe, ou vne demie
douzaine dœufs pour les malades : mais
le desir qu'elles ont eu d'exercer leurs fô-
ctions enuers les Sauuages, & contribuer
à leur arrest, selon l'estenduë de leur vo-
cation, les a fait abandonner leur bastiment de Quebec, auec toutes ses commoditez, comme il les auoit fait abandonner la France, veu nommément que

les François estant malades n'ont pas de
peine d'aller à Sillery: mais les Sauuages
malades sont incapables d'aller à Quebec, & ainsi c'eust esté vn Hospital de
Sauuages sans Sauuages : la peur des Hiroquois n'ayant pas empesché tant d'hô-
nestes personnes de l'vn & l'autre sexe
d'aller à Montreal, & autres endroits de
la grande Riuiere, pour y consacrer à
Dieu si sainctement leur vie : quoy que
les Hiroquois en soient voisins, & rodét
tout autour, n'a pas deu auoir effect à vne
lieuë ou deux de Quebec, pour empescher vne communauté Religieuse de ses
functions, & d'vn bien pour lequel seul
elle venoit en ce nouueau monde, & que
les Sauuages desiroient ardemment. Au
reste leur bastimét de Quebec s'acheue
peu à peu, afin que s'il suruient quelque
accident, elles puissent selon la prudence & le conseil s'y retirer, & si les François se multiplient dauantage, elles puissent faire vn petit Hospital separé pour
leurs secours, qui ne nuiroit pas à celuy
des Sauuages, & aduanceroit la colonie.

  Les Religieuses ont receu & assisté

K ij

cette annee en l'Hospital, enuiron cent
Sauuages de diuerses nations Monta-
gnez, Algonquins, Atticamegues, Abnaquiois, Hurons, ceux de Tadousac &
du Saguéné, & de quelques autres natiós
plus esloignees. A l'heure que i'escris ce
memoire, il y a vne fême affligee d'vne
maladie lente, que le Pere Buteux y amena dernieremēt, retournát de Tadousac,
laquelle est de plus de treize ou de qua-
torze iournees, auant dans les terres du
Saguéné, & est venuë à dessein non seulemēt d'estre secouruë en son mal : mais
de cognoistre Dieu, & de voir l'exemple des François. Cinq ou six ouuriers
François ont aussi esté soulagez en cette
maison de charité, ils auoient esté fra-
pez du mal de terre au fort de Richelieu,
& en danger d'en mourir, s'ils n'vsent
trouué vn bon secours : voilà ce qui est
du general de cette maison : venons à ce
qui est de particulier plus remarquable,
les miseres & les maladies des Sauuages
me rendront plus long que ie ne voudrois. I'ay desia parlé cy-dessus de la
mort d'vn appellé Achille Sauuage, en
voicy quelques particularitez qui regar-

dent l'Hospital. Lors qu'il commença de
s'alliter, il estoit cabané dans les bois à
deux cens pas de Sillery. Le P. Buteux,
l'allant visiter vn matin, le trouua à genoux aux pieds de son lit. C'est à dire sur
le bout d'vne escorce, ou d'vne couuerture deuant vn Crucifix qu'il auoit
pendu à sa cabane, il pria le Pere de s'as-
soir vn peu, & de luy donner loisir d'a-
cheuer sa priere, apres laquelle il se con-
fessa auec grand sentiment de deuotion,
puis dist au Pere. ie ne m'atriste pas de ma
maladie : mais deux choses me font de la
peine, l'vne est que ie ne puis plus dire
mon Chappellet, la teste me manque en
vne si longue priere, l'autre est que ie suis
esloigné de l'Eglise, & ne peux aller à la
Messe. Le Pere luy dist que pour son
Chapellet, il n'en deuoit pas estre en peine que c'estoit assez qu'il en dist vne di-
xaine par interualle, ou mesme fist quelque autre priere plus courte pour se recommander à Dieu, & se resigner à sa
volonté, & quand à ce qui est de son es-
loignement de l'Eglise qu'il donneroit
ordre qu'on l'aportast à l'Hospital ou à
vne cabane tout proche d'où il pourroit

affister à la Meffe quand il auroit vn peu
de forces. Le Pere en aduertit les principaux Sauuages qui l'apporterent incontinent à l'Hofpital, & luy drefferent
auffi vne petite cabane tout proche de la
porte, afin de s'y retirer s'il vouloit, il e-
difia extremément les Religieufes & les
Sauuages par fa patience & fa deuotion,
quãd on luy apporta le viatique, il eftoit
en cette petite cabane : les Sauuages ac-
compagnerent le precieux Corps de noftre Seigneur, & enuironnerent le petit
taudis auec vne merueilleuffe pieté &
modeftie: depuis ce temps-là noftre malade ne parla plus que du ciel & de l'eternité, il forçoit fouuét fa voix, & s'ecrioit
tout haut pour former les actes de vertu
qu'on luy recommandoit, il demanda au
Pere qui l'affiftoit s'il verroit pas au Ciel
fa fille morte depuis peu, & ceux qu'il
auoit aimé cà bas en terre? Le P. l'af-
feura, qu'ouy & que tous les gens de bien
s'entre-verroient, & fe communique-
roient dans le Ciel : cette refponce le
confola fort. Vne heure auant que mourir, il coniura inftamment le Pere d'exhorter les Fiançois & les Sauuages à ce

qu'ils priaſſent Dieu pour ſon ame, ſi toſt
qu'il ſeroit paſſé de cette vie. Ce qui luy
fut liberalement accordé: car il n'eut pas
plutoſt expiré que les Sauuages s'aſſem-
blerent & porterent ſon corps en la Chapelle autour de luy : le Pere de Quen y
eſtoit qui les conſola dans leur triſteſſe:
car cét homme eſtoit vn des plus conſiderables. La conſtance & vertu de la
femme eſt remarquable auſſi bien que
celle du mary, ſi toſt qu'ils eurent receu
tous deux le ſecond Bapteſme, Dieu les
eſprouua & affligea par la mort d'vne fille qu'ils aymoiết vniquement: peu apres,
le mary tombe malade, languit deux ans
& demy, & meurt : il reſtoit vn fils aagé
de quatre ans à cette bonne veufue, pour
toute conſolation huiĉt iours aprés que
ſon mary eſt mort, l'enfant eſt attaqué de
maladie, & meurt entre les bras de ſa pauure mere, auec tout cela elle eſt ferme &
conſtante en la foy, & dit qu'elle y mour-
ra, que Dieu eſt le Maiſtre, qu'il eſt bon,
& qu'elle aymera touſiours ce qu'il ordonnera, elle demeure maintenant auec
vn ſien frere nommé Thomas, fort bon
Chreſtien, & vit dans vne grande patien-

K iiij

ce & humilité. Vn iour, côme ie voulois
aller à Quebec, en Canot, ie la priay de
de me mener auec vn autre Sauuage, qui
estoit là, elle me respondit : vrayement
c'est bien à moy d'entreprendre cela
maintenant, & qui suis-ie à present? vne
poignee de terre inutile.

On a parlé souuent dâs les precedêtes
Relations de Pierre Tregatin : sa vertu
l'auoit rendu recommandable quelque
temps auant qu'estre baptisé, il estoit demeuré boiteux d'vne blessure qu'il se fist
en courant dans les bois, ces gens l'a-
uoient abandonné au coin d'vne ance ou
pointe de terre, ou nos Peres le trouuerent à demy mort, sans cabane & sans viures, &sans autre habit qu'vn morceau de
couuerture qui luy couuroit vne partie
du corps. Ils le porterent chez nous, & le
traicterent le mieux qu'ils peurent, &
apres l'auoir instruit, le baptiserent : enfin
les Religieuses venât en Canada, il trouua vne heureuse demeure en la maison
de charité, il y passa deux ou trois Hyuers, pendant lesquels nos Peres confe-
roient auec luy de la langue Algonguine,
& luy apprenoient ensemble les choses

de Dieu : de maniere qu'il les entendoit
parfaitement bien, & qui plus est y con-
formoit sa vie, & seruoit de vray Predi-
cateur par ses paroles & ses exemples.

Les Sauuages en vne de leur assemblée
l'establirent Capitaine ou Maistre des
Prieres, c'estoit à luy dans les Conseils
de parler des affaires de Dieu, de re-
montrer ce qui estoit expedient : là dessus & aduertir ceux qui manqueroient
publiquement à leur deuoir, sur tout aux
prieres. Le premier iour de Septembre
il tomba malade & fut apporté à l'Hospital, & y mourut au bout de trois Sep-
maines qu'il employa à se preparer à la
mort, auec des actes de vertus heroïques,
il se confessoit fort souuent, il appelloit
chaque iour au moins vne fois, vn de nos
Peres pour parler de Dieu & de sa conscience, ie ne me soucie point de viure,
disoit-il, ie n'ayme point mon corps, i'ayme la mort, de bon cœur ie la souhaitte
quand il plaira à Nostre Seigneur : il
Communioit souuent : mais il redoubla sa deuotion & sa ferueur pour sa derniere Communion, apres laquelle il de-
mãda aussi & receut l'Extreme-Onctiõ :

il pria les Religieuses qu'elles le fissent
enterrer à la Françoise, dans vn drap
simplement. Il prit son petit fils aagé seulement de six mois entre ses bras, luy
donna sa benediction, & dist qu'il le donnoit à nos Peres, pour estre instruit: deux
heures auant sa mort, il appella la Mere
Superieure & luy dist Ningay Ninnip,
ma Mere, c'est à ce coup ie vay mourir:
fais prier Dieu pour mon ame, ce n'est
point icy nostre pays, nostre demeure
est au Ciel: i'espere que Dieu m'y mettra, il demanda le Crucifix & l'Apo-
stropha auec des paroles si amoureuses
qu'il tira les larmes des Religieuses, il
fut pris d'vne défaillance, pendant ces
Colloques, & en vn instant alla de la
terre au Ciel.

Vn nommé Marc-Antoine, duquel
on parla l'an passé entre les malades, n'a
point releué de sa maladie qui le con-
somma, en sorte qu'il ne luy restoit que
les os & la peau, laquelle mesme se de-
stachoit en diuers endroits du corps:
mais il auoit tousiours le visage gay &
ioyeux, il estoit logé dans vne cabane
à la porte de l'Hospital, toute sa maladie

ne fut qu'vne cótinuation de patiéce &
de deuotion, on le faiſoit prier Dieu ſans
ceſſe, neantmoins il eſtoit impoſſible
de le contēter en ce poinct, il enuoyoit à
tous propos ſa femme aux Religieuſes
leur dire: venez ; celuy qui eſt malade
veut prier Dieu, les Religieuſes craignoient de le laſſer, mais au contraire
il ſe plaignoit qu'on ne le faiſoit pas
prier Dieu, & quoy que les prieres qu'on
luy faiſoit dire, fuſſent longues, ils les
repetoit touſiours auec ferueur auſſi
bien à la fin qu'au commencement, iamais on ne l'entendoit dire c'eſt aſſez,
il auoit touſiours ſon Chappellet, & ſi
par hazard il luy tomboit ou s'egaroit, il
falloit renuerſer le lict & la cabane pour
le chercher : quand il n'eut plus aſſez de
force pour le dire, il le pēdit à ſon col, &
le touchoit ſans ceſſe auec les mains , &
prenoit vn ſingulier plaiſir qu'on le reci-
taſt aupres de luy, il ne paſſoit aucun
iour qu'il ne priaſt Dieu pour leurs bien-
facteurs, & pour ceux qui auoient eſtably cette maiſon de charité : c'eſt la priere qu'il faiſoit actuellement quand il
entra en l'agonie, laquelle l'emporta ſi

doucement qu'à peine le vit-on paſſer:
il ſeroit difficile d'expliquer les ſoings
qu'en prenoit ſa femme, & les charitez
qu'elle luy a renduës l'eſpace d'vn an ou
deux, qu'il a eſté malade; les Religieuſes
en demeuroient extremement edifiées,
& l'aſſiſtoient elle meſme auec grande
affection.

Vne bonne veufue appellée Louyſe,
vrayment Hoſpitaliere d'affection (nous
en auons parlé autrefois) auoit vne ſien-
ne fille nommé Vrſule, qui eſtoit ma-
riée à vn Capitaine de Tadouſac: cette
ieune femme tomba malade, & apres
deux ou trois ans de langueur, s'alita enfin à Sillery, & ſe vint retirer à l'Hoſpital, demeurant tantoſt dans la ſalle
commune, tantoſt dans la cabane proche. Ses langueurs ſe terminerent en
des douleurs violentes: ſa bône mere en
eut des ſoins inimaginables: mais le premier eſtoit de l'exhorter à la patiéce: ma
fille, diſoit elle, ſouffre paiſiblemét, ne te
faſche pas, affin que tu ne donne point
d'entrée au peché, & au malin eſprit
dãs ton cœur, & que tu ailles au Ciel: ma
fille penſe ainſi de Dieu, il a tout faict, il

gouuerne tout:il m'ayme,ie suis contête
de ce qu il m'enuoye la maladie, ie croiray tousiours en luy , ie l'aymeray tou-
siours:voilà ce que tu pêseras en tô cœur,
il fut necessaire de luy dôner leviatique;
elle estoit lors en sa cabane prés la porte
de l Hospital, la bône Louyse orna cette
petite maison d'escorces, côme vne ora-
toire : mais tout à la Sauuage, elle tendit
tout autour des robes de Castor, & d'O-
reignac,toutes neufues & biê matachiées,
elle mist la plus belle sur le lict de la malade,elle couurit tout le plâcher de fueil-
lage,& le haud de la cabane aussi,elle alla
aux Religieuses emprunter vn Crucifix
& deux chandeliers auec les cierges , &
les mist proche du lict de sa fille, tout le
voisinage accôpagna le S.Sacremêt auec
grâd respect & deuotion, la malade en-
têdant sonner la clochette qui sert de si-
gnal pria sa mere de la dresser sur sô lict,
affin d'honorer le Corps de N. S. Si tost
qu'elle eut Cômunié,sa mere s'approcha
& luy dist, orsus ma fille, c'est maintenât
que I.C. est en ton cœur, prend courage,
remercie le fortement : & puis appellant
vne des Religieuses, elle luy dist, ayde la

à faire ces prieres, elle preſſa qu'on luy
donnaſt l'Extre-Onction, apres laquelle elle mourut fort tranquillement ſa
mere la fiſt enterrer auec toute la ſolem-
nité poſſible à vn Sauuage, & miſt dans
ſa foſſe tout ce qu'elle auoit de plus precieux en Caſtor, Porcelaine , & autres
meubles dont ils font eſtat , & comme
les Religieuſes luy remontroient ſa pauureté & celle des Sauuages , & que cela
ne ſeruoit de rien aux morts, elle luy diſt
& vous autres vous auez bien enterré
voſtre ſœur Religieuſe (c'eſtoit la mere
de ſaincte Marie morte il y a deux ans)
auec ſon bel habit & auec tout l'honneur que vous auez peu, ſi ce que ie fais,
offençoit Dieu , ie le quitterois : mais
puiſque Dieu ne le deffend pas, ie veux
honorer les morts. Il pleuſt à Noſtre Seigneur eſprouuer encor vn autre fois,
cette bonne veufue: elle auoit deſia perdu deux filles, vne troiſieſme tomba incontinent malade, & comme c'eſtoit le
commencement de l'hyuer & de leur
chaſſe, elle pria ſa mere de la mener
auec elle dans les bois, où elle mourut
peu apres : mais auec la pieté & les ſen-

timens de deuotion, dont i'ay parlé cy-
deuant. Suffit de dire icy que cela n'ef-
branla point la bonne Louyfe, laquelle
rapportât le corps de fa fille de dedâs les
bois, & le donnant aux Religieufes pour
le faire enterrer prés de fa fœur, leur dift,
ie ne fuis point trifte ie me refiouïs dauantage de l'affeurance que i'ay que mes
filles font au Ciel, que ie ne ferois, de les
voir viure en ce monde, Dieu eft noftre
Pere à tous: ie l'aymeray & tout ce qu'il
fera. Ce fentiment excellent de la conformité à la volonté de Dieu eft bien
auant imprimé dans le cœur de plufieurs
de nos Neophytes.

La femme d'vn appellé Vincent Xa-
uier fils du premier Sauuage errant qui
s'eft arrefté à Sillery, tomba malade vn
an apres fon mariage, & languir plus de
deux ans. Enfin elle fut contrainte de
garder le lict, elle vint à l'Hofpital où
elle furpaffa encor la patience des autres: car pendant tout le temps qu'elle y
fut, on ne l'entendit iamais demander
chofe aucune ny fe plaindre, excepté
le dernier iour de fa vie, & encor fort
peu, quoy que d'ailleurs elle fuft d'vn

esprit fort vif & agissant : elle auoit tousiours à son costé vne sienne petite fille
aagée de deux ans & demy , & quoy
qu'elle fut pressée de mal , elle ne laissoit
pas de la faire prier Dieu au temps accoustumé, & de l'instruire : comme elle
se sentit proche de sa fin, elle appella son
mary , luy parla auec beaucoup d'affection , & puis luy bailla sa petite fille
qu'elle ne voulut plus voir depuis ce
temps là, ne pensant qu'à bien mourir : ce
qu'elle fist heureusement, ayant receu
tous ses Sacremens. Sa fille demeura
quelque temps à la maison de son Pere:
mais comme il alloit souuent à la chasse,
la pauure enfant demeuroit còme aban-
donnée: ceux qui la gardoient n'en a-
uoient pas de soing : elle s'eschappoit &
entroit pour l'ordinaire à l'Hospital où
les Religieuses la carressoient , & luy
donnoient à manger, son Pere enfin la
mena aux Vrsulines, lesquelles la receurent auec toutes sorte d'affection : elle
y est à present & donne vne fort bonne
esperance; voila comme ces deux com-
munautez s'entre-soulagent & despen-
cent auec grande charité ce quelles re-
çoiuent

çoiuent de Noſtre ancienne France,
pour le bien & la conſolation de ces
pauures peuples.

Vne femme appellee Marguerite auoit
vn mal de iambes depuis pluſieurs annees qui la contraignoit de paſſer tous
les hyuers à l'Hoſpital, ou dans vne cabane proche: l'Hyuer dernier, elle euſt
enuie de ſuiure les chaſſeurs, pour manger de la viande fraiche(on n'en void encor guere en ce pays icy ſans chaſſe) ſon
mary, la charge ſur ſa traine, & la tire
gayement apres ſoy tous les iours ſur des
montagnes de neiges: mais ſa iambe ſe
pourriſſant, il la ramena à l'Hoſpital: ils
auoient grande peur que l'ordure & la
puanteur de ſes playes n'empeſchaſt les
Religieuſes de la receuoir: mais ils furent bien-toſt deliurees de leur crainte,
quand ils virent que ces bonnes filles la
receuoient auec plus de ioye que les autres. Si toſt qu'elle fut arriuee, elle demande à ſe confeſſer, la gangrene ſe
miſt en ſon mal, & l'emporta en peu de
temps apres auoir receu deuotement
tous ſes Sacremens.

Vne ieune veufue nommee Charité,

L

fort pauure : mais tres-vertueuſe auoit trois enfans Baptiſez, l'aiſné s'eſtoit marié, ſa femme & luy eſtoient malades, les deux autres eſtoient aſſez infirmes, la bonne Charité ſeule eſtoit forte & vigoureuſe : elle s'en vient Cabaner tout l'Hyuer prés de l'Hoſpital, pour eſtre ſecouruë, elle ne demeure pas pourtant oyſeuſe, elle fait l'Hoſpitaliere, elle meſme, & rend toute l'aſſiſtance poſſible à cette pauure troupe, elle va au bois, & à l'eau, elle fait la cuiſine, elle paſſe les peaux, elle fait les ſouliers, ſi on tuë quelque Orignac à trois & quatre lieuës, elle prend ſa treine, & va querir ſon fardeau ſur les neiges. Sa belle fille eſtoit la plus malade, & n'eſtoit pas encore Baptiſee, & n'en teſmoignoit pas meſme enuie, elle prie Dieu ſans ceſſe pour elle, elle l'exhorte, elle importune nos Peres, & les Religieuſes, pour l'encourager à la foy, enfin elle obtint de Dieu ce qu'elle demandoit : car cette ieune femme deux iours auant que mourir enuoya ſon mary chez nous, à dix heures du ſoir frapper à la porte, & demander vn Pere, i'y allay auec le Pere Buteux : Dieu luy auoit

changé le cœur, elle presse pour estre Baptisée. Helas, disoit-elle, est-il pas temps,
hastez-vous, ie veux estre baptisee, ie le
souhaitte, ce n'est pas pour auoir la santé
du corps, ie ne me soucie pas de la vie, ie
demáde le baptesme, pour obeïr à Dieu &
aller au Ciel, si tost qu'elle l'eust obtenuë
elle en tesmoigna vne gráde ioye , nonobstant ses violentes douleurs, & mourut incontinent apres dans le contentement.

C'est assez parlé des morts , disons vn
mot de ceux qui ont logé tous en cette
maison ou y ont recouuré la santé , les
deux aueuglesses qui s'y retirent souuét,
y ont passé l'hyuer dernier , elles auoient
chacun vne petite fille pour les conduire,
dont la plus aagee qui estoit de neuf à
dix ans, auoit vn esprit excellent & la
memoire heureuse : elle apprist tout le
Catechisme & les prieres en fort peu de
temps. Vn iour elle fist vne faute qui sem-
bla assez grosse à nostre aueuglesse, laquelle a la conscience fort tendre, elle la
reprist rudement, & luy ordonna de ne
point sortir de l'Hospital tout ce iour-là,
çle obeït exactement , & mesme ne

L ij

changea pas de place qu'on ne luy euft
commandé, elle difoit quelquefois aux
Religieufes. Regarde cét enfant : elle eft
ma parente, ie l'ayme comme ma fille:
mais ie n'ayme point fon corps c'eft fon
ame que i'affectione : c'eftoit vn grand
contentement d'entendre comme elle
luy expliquoit les myfteres de noftre
fainéte foy , & les belles inftructions
qu'elle luy donnoit : elle va quelquefois
aux trois Riuieres, paffer vne bonne partie de l'efté, & y faict vn grand fruict
parmy ces infideles.

Vn ieune homme Huron, comme i'ay
dit cy-deffus, a hyuerné en cette maifon de Charité. Voicy ce que i'en ay
appris de particulier depuis les Chapi-
tres precedents. Le iour qu'il fut baptifé
en la Chapelle de l'Hofpital, il fe leua dés
deux heures du matin, employant tout
ce temps-là à prier Dieu, iufques à fon
baptefme, qui fut fur les neuf ou dix heures. Depuis qu'il fut Chreftien, fa deuotion redoubla, il fe leuoit affez matin,
mettoit tout le temps en prieres iufques
à la Meffe, qui fe difoit enuiron les fept
heures & demie, le foir eftant retourné,

d'auec le Pere Brebeuf, où il auoit desia
faiſt les prieres auec les Hurons ſes camarades, il les recommençoit auec les
Algonquins en la ſale des malades, &
puis pour la troiſiefme fois, il entroit
dans la Chapelle des Religieuſes, & y
demeuroit ſouuent pendant tout le téps
de leur Matines, & ſi de hazard la Chapelle eſtoit fermee, il ſe mettoit à ge-
noüil à la porte, & quelque bruit qu'on
fiſt dans l'Hoſpital, il demeuroit à faire
ſes prieres paiſiblement.

Voicy comme le Focoquiois faiſt pri-
ſonnier par les Algonquins dont i'ay
parlé cy-deſſus, arriua en cette maiſon,
le neufieſme de Nouembre l'an paſſé, ſi
toſt qu'il fut debarqué vis à vis de l'Hoſpital, les Sauuages de Sillery allerent au
deuant pour le receuoir auec Charité, ils
le menerent en toutes leurs maiſons, &
cabanes, l'vne apres l'autre, & le firent
dancer en toutes : mais auec douceur &
amitié, il obeït partout, quoy qu'il euſt
le corps tout couuert de playes & bleſſures : apres cela deux des principaux Sauuages l'amenerent à l'Hoſpital, où il fut
receu des Religieuſes auec grande ioye

on appelle le Chirurgien: toute la sale se
trouua pleine de Sauuages , pour voir en
quel estat estoient ses playes, il auoit tous
les ongles arrachez, de trois doigts cou-
pez tout nouuellementle pus en sortoit,
les vers y fourmilloient , il auoit vn pied
percé d'outre en outre, auec vn baston, il
auoit les deux poignets des mains liez
iusques aux os, auec des cordes, & le
corps bruslé & percé d'alesnes en diuers
endroits : ie me trouuay à ce spectacle,
la premiere veuë nous fit transir, il endu-
ra qu'on le pensast sans iamais dire vn
seul mot, ny monstrer aucun signe de
douleur, il declaroit par signes la façon
dont on l'auoit ainsi traicté, sans tesmoigner aucun mescontentement contre
ceux qui l'auoient mis en ce piteux
estat: il y auoit de bonne fortune à l Hospital vn malade Abnaquiois baptisé, &
appellé Claude, qui entendoit bien le
Socoquiois : ce pauure miserable fut extremément consolé de sa rencontre, &
comme il s'estonnoit à l'abbord de voir
les Religieuses luy tesmoigner tant de
charité; ce bon Chrestien luy expliqua
comme toute leur occupation n'estoit

que d'affifter & fecourir les pauures, &
les malades, & qu'elles gardoient toute
leur vie, la virginité: cela luy frappa l'efprit, il fut remis en affez peu de temps, &
renuoyé en fon pays, pour tefmoigner
l'affection des François & Sauuages en-
vers luy, ce font autât d'auancouriers de
l'Euâgile que Dieu enuoye à fes peuples.

Quatre Hurons eftant defcendus des
trois Riuieres à Sillery, vn deux re-
chappé nouuellement des mains des Hyroquois tomba malade, ces Camarades
l'amenerent à l'Hofpital, & y logerent
auffi eux-mefmes, n'ayant point d'autre
retraite: ces bonnes gens tefmoignerent
fur leur vifage vne grande ioye de rencontrer fi à propos vn lieu de charité : la
maladie de leur compagnon en vint à
l'extremité, on le defefperoit: defia deux
d'étr'eux ne bougeoiêt de fes coftez pour
l'affifter. Cette charité ne leur eft pas ordinaire, les chofes de Dieu gaignent peu
à peu fur leurs cœurs, quâd les Religieufes donnoient quelque chofe au malade,
tous les trois autres ne manquoient iamais de les en remercier à leur façon ordinaire, ho, ho, ho, s'il le falloit leuer ou

L iiij

remuer, ils se presentoient incontinent,
& quelquesfois luy ont soustenu la teste
ou le corps, quatre ou cinq heures de sui-
te, sans se lasser: l'vn d'entr'eux sçauoit les
prieres, il estoit auec les deux autres en la
Chappelle, soir & matin, pour les dire,
puis s'en alloit en faire autant prés de ce
malade, qui prioit incontinent qu'on le
dressast sur son lit, pour les dire auec plus
de respect; il pleust à N. Seig. luy rẽdre la
santé, & leur donner moyen à tous de retourner en leur pays: ie ne dis riẽ du Catechisme qu'on a fait en ce lieu vne bõne
partie de l'annee, tãtost aux malades, tãtost aux paũures, tãtost aux enfãs. I'en ay
parlé cy-dessus, ie diray seulement que le
desir que les Sauuages grãds & petits ont
d'aprendre le Catechisme & les prieres,
fait souuent vne Chapelle, & vne Escole
de la sale des malades, aussi bien que de
nostre maison de Sillery, ils entrent sans
cesse, & disent: enseigne moy, fais-moy
prier Dieu: vne Religieuse est assés & sain-
temẽt occupee à satisfaire à ces visites, &
importunitez pieuses: & en effet outre
celles qui assistent les malades, il en a
fallu establir d'autres pour ceux qui de-

mandent à reciter les prieres, & apprendre le Catechisme, la cómodité du lieu y
sert beaucoup, les maisons de ces bonnes
gēts touchent au bastimēt de l'Hospital,
& n'ont qu'vne court cómune, ils entrēt
à tout propos quand il sont à Sillery, &
disent! ie veux prier Dieu, ie veux appré-
dre, instruy-moy. O que cette importunité est agreable, quoy qu'elle attire
par necessité des frais notables ! mais
que faire, toute la Mission n'est que pour
cette fin , cela console & estonne tout
ensemble, en vn pays & en vn lieu de-
pourueu de tout. Voicy ce que la Mere
Superieure escriuoit sur ce subiet, en vne
lettre il y a quelques iours; ie ne sçay, dit
elle, ce que nous fairons auec le temps,
les Sauuages sont pauures, ils sont subiets à vne infinité de maladies, leur vertu n'en est pas moindre , mais leur secours en est plus difficile : les Hospitaux
de France ont esté fondez par les Roys
les Princes & les Princesses bien riche-
ment , & auec tout cela ils ne subsiste-
roient pas , si les Euesques & les personnes de merite n'y faisoient de bonnes
aumosnes, si les Parlemens & les Presi-

diaux n'y appliquoiēt les amendes; l'O-
cean nous exclud de tous ces secours: il
se trouue en France des personnes qui
entreprenent icy sainctement vn &
deux Seminaristes, d'autres l'entretien
& soulagement d'vne famille Sauuage,
mais peu de personnes pēsent à l'entretien d'vn malade, & à le fournir de lin-
ges ou de couuertures. Dieu a des voyes
qui nous sont inconnuës, & ces moyens
se trouueront quand il luy plaira. Quelques honnestes personnes nous l'ont
fait esprouuer, cette année: Dieu en soit
à iamais benist; nous estions au bout, la
necessité de logis & la misere des pauures nous auoit obligé à des debtes: nostre chere fondatrice, nonobstant le
subiect de ses douleurs, n'a pas laissé
d'appliquer ses soins, & nous en deliurer de la plus grosse partie: sa charité
ne s'est iamais lassée, nostre consolation est qu'elle en voit les fruits tres
agreables, & en iouyt auec nous : voila
les pensées dec es bonnes filles parmy
leur pauureté.

   Ie veux finir ce Chapitre par les parolles que le bon Charles Meca Skoüat

a souuent tenu aux malades, les venant
visiter quand il est à Sillery : vous autres
(dit-il) qui estes malades, n'estimez pas
que la maladie soit vne chose mauuaise,
ne pensez pas en vostre cœur, voila qui
va mal de ce que nous sommes affligez,
mais pensez ainsi de Dieu, c'est nostre
Pere à tous; il nous a fait, il nous ayme,
c'est pour nostre bien qu'il nous enuoye
la maladie, il nous mettra dans le Ciel
& nous donnera vne vie qui ne meurt
iamais, voila ce que vous penserez de
Dieu. Ayés donc courage ne vous at-
tristez pas, croyez fortement, ce que
vous endurez prendra bien-tost fin:
mais vostre ioye durera à iamais dans le
Ciel.

CHAPITRE X.

De ce qui s'est passé aux trois Riuieres
& au Fort de Richelieu.

 E mets ces deux lieux en vn
Chapitre, par ce qu'ils ont
couru mesme risque des Hiroquois, & ont receu les mesmes Sauuages lesquels ont passé l'annee, partie en vn de ces lieux, partie en
l'autre : ceux qui ont demeuré en ces
deux habitations, ont esté les Algonquins d'en-haut, autant superbes & dif-
ficilles à gouuerner (comme i'ay desia
remarqué) que ceux de deuers Quebec
sont humbles & dociles. L'an passé incontinent apres le depart des Nauires,
qui fut le septiesme d'Octobre, i'énuoyay
le Pere le Ieune demeurer aux trois riuieres, pour voir s'il pourroit dompter
l'Orgueil de ces gens là, & les reduire à
Iesus-Christ : son zele & sa vertu assez
cogneuë me donnerent aisement cette

penfée, il n'y fut pas pluftoft arriué que ces miferables luy donnerent bien de l'exercice, les deux principaux chefs eftoient vn appellé Tefuefatch homme rufé, fuperbe, ennemy des façons de faire des François & du Chriftianifme, l'autre eftoit vn apoftat nommé Abdon plein d'efprit: mais mefchant & hardy, ces deux hommes gouuernoient les Algonquins d'en-haut, & tafchant à leur ietter le mefme efprit qui les poffedoit, feignoiёt par interualle d'aymer la Foy, & les François, & puis ils faifoient tout le contraire en particulier, & fouuent en public: il y auoit neantmoins parmy la troupe quelques ames choifies de Dieu. L'an paffé le 19. d'Octobre, Abdon auec fa troupe retournant de la guerre amena aux trois Riuieres vn prifonnier qui n'eftoit pas Hiroquois: mais leur voifin & amy: les voila incontinent dans la refolution de le brufler, on leur remontre qu'il ne faut pas multiplier les ennemis, & qu'ils deuoient maintenant quitter toutes ces cruautez: mais ils fe moc-quent du Pere, & de tous ceux qui leur en parlent, percent vn pied à ce pauure

homme auec vn baston, luy arrachent
les ongles des doigts à belles dents, il
tendoit la main & donnoit les doigts
comme si-il n'eust rien senty, ils luy
lient les deux poignets des mains auec
des cordes à neuds coulans, & quatre
ieunes hommes tiroient & bandoient
les cordes de toutes leurs forces, des-
chirants & emportants la chair des bras
iusques aux os, la douleur le fait tomber
en foiblesse; ils cessent de le tourmenter
luy iettent de l'eau, luy donnent à māger
pour le faire reuiure aux tourments, le
bois estoit desia preparé pour le brusler,
& la nuict de cette tragedie, s'alloit commencer: mais le soir de bonne fortune
il arriua vn canot de Quebec, auec des
lettres de Monsieur le Gouuerneur au
sieur des Rochers qui commande aux 3.
riuieres, afin qu'il rachetast & deliurast
le prisonnier, ce qu'il fist auec bien de la
peine: car la rage & la vengeance posse-
doient le cœur de ces Barbares: cette affaire expediée, le Pere s'applique à l'instruction des Sauuages, s'oppose aux
mutins & encourage à la perseuerance,
ceux qui auoient bien commencé, le

mal-heureux Teſtꝩoaths deffendoit publiquement à ces gens qu'ils n'allaſſent à
la meſſe. Le Pere eſtant vn iour prés de
la dire, & voyant que perſonne ne venoit, il ſort de l'Egliſe & ayant apperceu
de loing quelques ieunes filles qui s'ap-
prochoient auec crainte, il leur demande? pourquoy elles n'entroient pas? le
Capitaine a crié publiquement, diſent
elles, qu'il tueroit ceux qui y viendroient
venez: diſt le Pere, ne craignez rien, les
François vous deffendront : vne eſtant
entrée les autres ſuiuirent, & enfin tous
vinrent à la Meſſe : ils ne tarderent
guere aux trois riuieres auſſi n'y ſont-
ils pas encor reſidens , & n'y ont aucune maiſon ſtable. Sur la fin de Nouembre ils prirent quelque reſolution d'aller à Mont-Real pour y faire leur
chaſſe, pendant tout l'hyuer: mais ayant
entendu que quelques-vns de leurs
compagnons qui y eſtoient allés peu de
temps auparauant redeſcendoient pour
demeurer au Fort de Riche-lieu, ils
les allerent trouuer pour hyuerner là
tous enſemble , & ſe tenir compagnie
ſoit à la chaſſe , ſoit à la guerre.

Ce seroit vn grãd bõ-heur que ces gens
là se peussent vne fois fixer & arrester
en quelque bonne habitation, comme les
autres ont fait à Sillery : le Pere le seus-
ne faisant l'office d'vn bon pasteur, va
apres son troupeau & le suit quittant les
trois Riuieres pour tirer auec eux vers
Riche-lieu, comme ils estoient en chemin vn certain Sauuage bon Chrestien
fait vne criée à cinq cabanes, que le Pere
accompagnoit. Escoutés moy tous, dist-
il, voicy de pauures veufues qui viennent hyuerner auec nous, elles viennent pour auoir à manger, il les faudra
secourir de nostre chasse, escoutez moy
derechef : ie vois bien que nous ne sommes pas au bout de nos mal-heurs, nous
auons des gens de bien auec nous, &
nous n'en sommes pas meilleurs : voicy
vn homme qui a passé le grand Ocean
pour parler pour nous, afin qu'on nous
assistast : mais nous ne l'escoutons pas
comme il faut ; le mal-heur vient de ce
que nos Capitaines ne croyent pas en
Dieu, que s'il en donne aduis en son
pays, le Massinaigan, c'est à dire leur
Escriture, empeschera le biẽ qu'on nous
procure

procure. Sus dôc vous autres qui croyez
en Dieu, & vous qui auez enuie de croire, vniſſons nous, & tenons ferme pour
la foy, & eſcoutons le Pere. Cela dit, il
s'embarque, & arriue le meſme iour au
fort de Richelieu, le ſieur de Chamſe-
lourt, qui y commandoit, receut le Pere
auec vne affection toute extraordinaire
qu'il a continuée tout l'hyuer, le ſecou-
rant fortement dans le deſſein d'attirer
ces peuples à Ieſus-Chriſt. Le Pere de
Noüe qui y eſtoit pour auoir ſoin des
François, fut rauy d'aiſe d'auoir auec ſoy
le Pere, pour enſeigner les Sauuages.
Voicy leur occupation, pendant l'Hyuer
& l'ordre qu'ils gardoient tous les matins. Au point du iour le Pere de Noüe
diſoit la Meſſe, à laquelle aſſiſtoient les
François & les Sauuages Chreſtiens. Le
ſieur de Normanuille (c'eſt ce ieune hô-
me, qui a eſté autrefois pris des Hiroquois, & qui fiſt l'an paſſé le voyage de
France auec le Pere le Ieune) leur faiſoit
faire les prieres tout haut au commencement de la Meſſe, il entend fort bien
la langue. Pendant ce temps là le Pere en
enſeignoit quelques-vns en particulier
M

ou les escoutoit de Confession, puis les
menoit à la Chappelle où il leur disoit
la Messe, & faisoit Communier ceux qui
en estoient capables, & ainsi il les prenoit
tous les vns apres les autres: la Messe
estant finie, il assembloit quelque ieunes
gens, pour leur faire le Catechisme. La
plus grande partie du iour leur petite
chambre estoit pleine, & ce n'estoit quasi
qu'vne instruction continuelle. Sur le
soir le Pere prenoit vne partie des cabanes, & le sieur de Normauille l'autre, &
ainsi on faisoit prier tout le monde: la
priere estoit ordinairement suiuie d'vne
exhortation, & d'vn Cantique en leur
langue. Voila l'ordre qu'ils ont gardé
pédant l'Hyuer, iusques à ce que les Sauuages quitterent ce lieu, pour aller à
Mont-Royal, & aux trois Riuieres.
Voyons qnelques actions particulieres.

Vn Sauuage Chrestien estant malade
tomba dans vne grande foiblesse, on le
pensoit mort, sa tante qui l'assistoit, luy
demāda s'il ne se souuenoit de rien pendant cette foiblesse, & où il pensoit aller
apres sa mort, ou auec ses parés deffuncts
ou auec les croyās, il mõstra le Ciel auec

la main, puis s'efforçât de parler, ie m'en
vay là, dit-il, i'ay veu le lieu où ie dois aller , là-deſſus il meurt. Vne femme
Chreſtienne viſitee la nuict, & fortement
ſolicitée par vn meſchant homme repartit, touſiours ie reſpecte mon Bapteſme, & ie ne veux iamais faſcher Dieu.

Vn Dimanche le Pere ayant confeſſé
ceux qui vouloient Communier, comme
il retardoit à dire la Meſſe, retenu par
cette occupation, vn Payen fiſt feſtin, &
y conuia la pluſpart des Chreſtiens qui
s'eſtoient confeſſez, ils y vont tous, &
pas-vn ne ſe trouue à la Meſſe qu'on alloit dire. Le Pere bien eſtonné demande
où eſtoient ceux qui ſe vouloient Communier , les autres reſpondirent tout
haut qu'ils eſtoient au feſtin, cela le faſ-
cha d'abord, il crie contre eux , & contre
leur couſtume , il loüe ceux qui eſtoient
preſens, & blaſme les abſens: mais il luy
fallut bien-toſt apres changer de ton, &
de notte : car la ſeconde Meſſe eſtant
ſonnee, voicy tous les conuiez qui viennent dire au Pere, qu'ils Communiroient
à cette Meſſe-là : Comment dit le Pere,
ne venez-vous pas du feſtin? ouy dea

M ij

nous en venons : mais nous n'auons
point mangé, nous auons gardé tout le
mets qu'on nous a donné, & l'auons porté à nos familles, sans y gouster. Le Pere
surpris par cette respõce, leur rendit
autant de loüange, qu'il leur auoit donné
de blasme: car il ne pensoit pas qu'on de-
meurast à ieun, au milieu du festin.

Voicy vne action pleine de constance, en vne aage tendre : vne ieune fille
aagee d'enuiron sept ans, ioüant auec ses
compagnes, receut vn coup de pierre
au front, tirant vers le nez, qui luy en
couppa la chair iusques aux os, estant
toute remplie de sang, elle se presente à
sõ Pere, lequel sans s'esmouuoir ny crier
côtre ceux qui auoiẽt blessé sa fille, l'enuoya à celuy qui pense les François, &
continua vne partie qu'il auoit commen-
cée au ieu, on l'ameine droict chez nous,
on appelle le Chirurgiẽ, lequel ayãt visi-
té la playe, dist, qu'il la falloit coudre, la
crainte qu'on auoit que l'enfant ne peust
supporter la douleur, nous fist resoudre
d'appeler son Pere, il veint ayãt perdu la
partie, & sans en estre de plus mauuaise
humeur, on luy dist qu'il faut recoudre la

playe de son enfant, & que cela luy fera
bien du mal (Nitanaï Chibiner) ma fille
luy dist-il, souffre constamment, monstre que tu as du courage, la pauure enfant se presente au Chirurgien armé de
fil & d'esguille, il faict plusieurs poincts
de cousture à la chair, sans que iamais elle dist vn seul mot, ny branlast, quoy
qu'elle ne fust, ny liee, ny tenuë, seulement elle roidissoit le bras, & encor non
pas à toutes les fois qu'on luy perçoit la
chair : ce qui se faisoit auec grande difficulté à cause du mauuais endroit où e-
stoit la blessure, ce courage en vn enfant
de sept ans est remarquable.

Vn ieune Chrestien vint dire au Pere:
ie ne puis plus durer icy, il faut que i'aille
là-bas à Sillery, auec les croyans: on m'a
rompu mon Chapellet, on se mocque de
moy, quand ie prie Dieu, on me faict mille niches, permettez moy de loger chez
vous en vostre maison, iusqu'à ce que les
choses soient paisibles.

Le Pere appela vn ieune homme
Chrestien qui se gouuernoit assez mal, il
le menace des chastimens de Dieu, &
l'inuite à se recognoistre, comme il ne

disoit mot. Le Pere luy demande ce qu'il
pensoit, i'ay vne pensee qui ne vaut
rien, dist il: le Pere l'excite à ouurir son
cœur, respond moy, auparauãt dist-il: vn
tel, est il damné ou saué? il parloit d'vn
autre ieune homme Chrestien, mort depuis peu, qui s'estoit mal comporté vn
temps, & auec lequel il auoit grande
amitié. Le Pere fut estonné de cette demande, & ne respondit pas. Le Sauuage
recharge, dis moy vn tel est-il damné?
non dit le Pere: car il s'est recognu à sa
mort. Ie pensois, dit-il, qu'il fust damné?
& pource que ie l'aymois, ie voulois
courrir mesme fortune que luy: mais s'il
est saué, il faut que ie m'amende: car ie
veux estre auec luy, apres ma mort; à
quatre iours delà il se vint confesser, &
nous dist, il y a quatre iours que ie pense
sans cesse à ma conscience, ie ne veux
plus offençer Dieu. La bonté diuine se
sert de toutes sortes de moyens pour le
salut de ses esleus.

Vne petite escoüade de Sauuages voulut partir pour aller à la guerre, au pays
des Hyroquois: vn de la troupe qui
estoit Chrestien, les amena aux Peres,

pour entendre vn mot d'exhortation,
apres laquelle il prist luy-mesme la parole, & s'adressant aux Chrestiens, leur
dist, prenons courage, mes freres, tenons
ferme, faisons tous les iours nos prieres,
ne soyons point honteux, si l'vn de nous
prie seul, la honte enfin le fera taire, si
nous prions tous ensemble, nous en se-
rons plus forts, & peut-estre qu'à nostre
exemple, les Payens priront côme nous.
Comme ils furent prés de partir, ils allerent tous ensemble à la Chappelle, &
leur priere finie, se rendirent sur le fleuue glacé, là ils se mettent en rond, &
leurs Capitaines les ayant harenguez, ils
chantent & dansent à la veuë des François qui estoient dans le fort: il les faisoit
beau voir vestus à la soldate, & quasi en
masquarade de France, les vns auoient
le visage peint de rouge, les autres de
bleu, les autres de noir, quelques-vns de
toutes les couleurs: ils auoient des espees
amanchees en forme de demy-pique,
plusieurs auoient des corcelests, piqués,
& entrelassez de petits bastons, les autres auoient des boucliers faits de bois,
il y en auoit quelques-vns qui auoient

M iiij

des arquebuses, tous auoient les pieds armez de bonne raquettes, pour courir sur les neiges: leurs iambes sont les pouruoieurs de leur armee, ils ne mangent pour l'ordinaire en chemin que les animaux qu'ils rencontrêt & qu'ils tuent, ils auoient auec eux vne femme qui s'estoit sauuee l'ã passé des mains & du pays des Hyroquois, laquelle les deuoit mener aux endroicts où les ennemis ont accoustumé de faire leur chasse pendant l'Hyuer. Les voilà donc partis gayement sans apprehension des trauaux horribles, & du froid insuportable, n'ayans autre retraicte que les bois, ny autre lict que la neige, & la glace, & estant contraints de passer plusieurs iours sans faire du feu, de peur d'estre découuerts. Les Chrestiens firent constamment leurs prieres en chemin : mais les Payens qui auoient promis de ne faire aucune superstition, consulterent le diable à leur mode, approchans du pays des ennemis, & ils se diuiserent & firent deux petites bandes dont l'vne eust quelque succez, l'autre fut surprise la nuict dans son sommeil, sans

faire le guet. Au bruict de l'ennemy, &
aux coups des arquebuses, chacun s'es-
ueille, & se voyant rudement attaqué,
prend la fuitte: quelques-vns furent tuez
sur la place, les autres s'eschaperent à demy nuds, quelques-vns eurent les pieds
gelez iusques aux os: ils rencontrerent
de bon - heur l'habitation de Mont-
Real, où ils furent receus auec beaucoup de charité, sans cela, ils estoient
morts, & ce fut aussi vn coup heureux
pour leur ame, comme ie diray cy-apres:
cette ieune femme qui les conduisoit
se sauua pendant la meslee, elle ne re-
ueint que long-temps apres les autres,
fuyant loing dans les bois: elle n'auoit
ny bonnet, ny soüilliers, ny manches,
ny bas de chausses: pour tout habit, elle
n'auoit qu'vn bout de couuerture, qui
à peine luy couuroit la moitié du corps
contre le froid extreme : elle marcha
trente iours en cét estat, sur la neige,
sans voir vne estincelle de feu : on ne
sçait ce qu'elle a peu manger durant ce
temps-là : elle passa vis à vis de l'habitation de Montreal, de l'autre costé de
la grande Riuiere, & y demeura six ou

sept iours à crier tant qu'elle pouuoit, afin qu'on la vint passer: mais
voyant qu'elle n'estoit pas entenduë:
elle fut en fin contrainte de tirer vers le
fort de Richelieu, où elle arriua à de-
my-morte: la charité des François luy
rendist la vie & les forces: cent hommes (disoient quelques-vns) fussent
morts des trauaux, qui n'ont peu tuër
vne femme.

Vn des Algonquins de l'Isle ayant
rencontré vn des Chrestiens de deuers
Quebec, il en fut si bien edifié, qu'il passa quasi toute la nuict à l'entendre parler
de Dieu, arriuant de la à Richelieu, il va
trouuer le Pere, & luy racompte cét
entretien qu'auec beaucoup de consolation ce bon homme faisoit: il me disoit,
courage, quittons vos vieilles coustu-
mes, nous voyons bien que nous estions
des aueugles, nos yeux commencent de
s'ouurir, ne les fermons plus: cette vie
n'est pas longue, ne fais plus aucune
mauuaise superstition, deffie toy de tes
Compatriotes les Algonquins de là-
haut, ils ne sont pas portez à la foy,

& tous ceux qui semblent parmy eux
approuuer les prieres, ne les ayment pas:
garde toy de les imiter, & si tu veux
croire, fais-le de cœur. Voila, dit-il,
les discours que m'a tenu cét homme,
nous y auons employé vne bonne partie de la nuict : cela me tient bien au
cœur.

Toutes ces bonnes actions estoient
grandement trauersees par la meschan-
te vie de ces miserables Algonquins,
d'en haut, ce n'estoient que superstitions, parmy eux ce n'estoient qu'iniures & calomnies enuers nos Chrestiens.
Le Pere auec sa petite troupe de fidel-
les les combattoit puissamment, tantost
à force de raisons, tantost en se riant
de leurs sottises: cela les faisoit mourir
de dépit. C'est chose estrange disoient-
ils, que depuis que la priere est entree
dans nos cabanes, nos anciennes cou-
stumes ne nous seruent plus de rien:
& ce pendant nous mourrons tous à
cause que nous les quittons. I'ay veu
le temps, disoit vn d'eux, que mes songes estoient vrays, quand i'auois veu des

Orignaux ou des Castors en dormant,
i'en prenois, Quand nos Deuins sentoient venir l'ennemy, celà se trouuoit
veritable : on se disposoit à le receuoir;maintenant, nos songes & nos pro-
pheties ne sont plus veritables, la priere
nous a tout gasté : d'autres s'en prenant
à nous des chastiments que Dieu leur
enuoyoit, disoient : nous voyons bien
que Dieu est fasché contre nous, & qu'il
a raison : car nous ne faisons pas ce qu'il
dit, dautant qu'il nous semble difficile, nous luy desobeïssons : & ainsi il
entre en colere contre nous & nous
tuë : mais vous autres vous en estes
la cause : Car si vous demeuriez en
vostre pays sans nous parler de Dieu,
il ne nous diroit mot, puisque nous ne
le cognoistrions pas, n'y ses volontez : vous feriez donc bien mieux de
vous en retourner en vostre pays, &
de demeurer en repos : car c'est vous
qui nous tuez, deuant que vous vin-
siez icy, les François ne disoient poinct
tant de prieres : ils ne faisoient que le
signe de la Croix, & encor tous ne le

sçauoient pas faire : ils n'auoient point
toutes ces prieres que vous introduisez,
c'est vous qui auez amené toutes ces
nouueautez , & qui les apprenez aux
Sauuages & leur renuersez la ceruelle
& les faictes mourir , & encor si vous
n'appelliez aux prieres que de dix iours
en dix iours vne fois , on auroit quelque
relasche : mais vous n'auez esgard ny à
pluye ny à neige, ny à froid, tous les
iours on vous entend crier aux prieres:
c'est chose estrange que vous ne pouuez
demeurer en repos, le Pere leur remon-
stroit que si on ne les enseignoit, & qu'on
les laissast dans le repos qu'ils disent-ils
brusleroient eternellement dans l'Enfer, & que le danger de leur Salut nous
obligeoit de les presser : mais la plus part
s'opiniastroient dauantage , & enra-
goient de dépit contre le Pere, & disoiét
qu'il estoit plus grand sorcier que leurs
gens , qu'il en falloit deffaire le pays,
qu'ils auoient assommé trois sorciers
à l'Isle, qui n'auoient pas tant faict de
mal que luy : on eut quelque peur qu'ils
n'executassent leur mauuaise pensée:
mais la Diuine bonté ne le permit pas,

ains au contraire elle tira de grands biés
de leur malice : car cét apoſtat dont i'ay
parlé cy-deuant, voyant ce refroidiſſe-
ment des François, & ſur tout de Monſieur de Chamflour enuers luy & enuers tous ceux qui perſecutoient la Foy,
ſeignit de s'y monſtrer affectionné , &
donna quelque teſmoignage de ſe vouloir conuertir. Le ſieur de Chamflour
pour l'obliger dauantage , luy dóna dequoy faire feſtin à ſes gens : c'eſt là d'ordinaire qu'ils manifeſtent leurs volontez : mais ce miſerable au lieu de ſe declarer du party de Ieſus-Chriſt, ſe monſtra plus que iamais du party du Diable,
& cria dans le feſtin contre la priere , &
contre ceux qui ſe faiſoiēt baptiſer : cette
perfidie depleut extrememēt non ſeulement aux Sauuages Chreſtiens , pluſieurs deſquels eſtoiēt du banquet : mais
encor aux Payens meſmes, dont l'vn des
principaux,& qui auoit eſté des plus ob-
ſtinez vint chez nous ſe declarer ou-
uertement & demāder le bapteſme : mó
pere, dit-il. ie ſuis du nóbre des croyāts,
c'en eſt faict à preſent il y a long tēps que
ie yo˙ eſcoute,ie ne yo˙ ay iamais dit ba-

prisez moy, ie le dis maintenãt, ie ne peux
souffrir la perfidie de cet hõme, ie veux e-
stre baptisé, & le cõtrecarer s'il ne se rẽd.
Le pere luy respõdit: vous venez en bon
tẽps demander le baptesme, quãd il est
persecuté: c'est la marque d'vn bõ cœur:
faictes festin & declarez vostre volonté;
il n'y manque pas, les conuiez assemblés,
il s'escrie; il y a plus de cinq ans que ie re-
siste à Dieu, ie trouuois bonne la doctrine que les Peres enseignoient: mais elle
me sembloit difficile & ne pouuois me
resoudre de la suiure: le coup est ietté,
c'est tout de bon: ie veux estre baptisé &
obeyr à Dieu: c'est pour vous declarer
mon dessein que ie vous ay inuitez, il
employa encore quelque temps à se fai-
ré instruire, & puis fut baptisé auec beaucoup de consolation de son costé & du
nostre.

Vn autre Sauuage dõt la femme estoit
desia Chrestienne, le suiuit au baptesme,
auec vne siéne petite fille, celuy-cy estoit
d'vn fort bon naturel & doux, vif au reste & des meilleurs coureurs d'entr'eux:
auant qu'il fust baptisé, le sieur de Normauille luy demanda s'il n'auoit iamais

eu auerſion de la Foy, ouy dit-il, quant
on me parloit de Dieu. Ie me riotte
maintenant, c'eſt tout mon contentement d'en entendre parler, & ie ſuis faſ-
ché en mon cœur quand ie vois quelqu'vn, qui ne veut pas eſcouter ſa parolle, il me ſemble que depuis que ie veux
croire, ie deuiens cholere, & que ie le
ſeray tout à faiẟ, quand ie ſeray baptiſé:
car ie ne pourray ſupporter qu'on diſe
rien contre Dieu, & qu'on meſpriſe la
priere, le malheureux apoſtat mouroit
de depit, de voir ces bonnes aẟions que
Dieu tiroit de ſes mauuais deſſeins, la
bonté & iuſtice diuine ſe firent lors paroiſtre enſemble ſur ćét hóme, par l'en-
tremiſe de la mere des miſericordes, à
qui on eut recours: car on prioit Dieu
ſans ceſſe pour luy. Au plus fort de ſon
impieté, le voila ſaiſi en vn inſtant par
tout le corps d'vne douleur ſi perçáte &
ſi violente qu'elle approchoit de la rage
& de la fureur: il eſt entierement abattu:
mais nõ pour cela gagné encore à Dieu
le corps eſt dompté: mais l'ame perſiſte
en ſa malice, on enuoye appeller le Pere
pour le voir, il y vient & le regarde

comme

comme vn obiect de la cholere de Dieu,
& dans des postures d'vn homme qui
souffre vn petit Enfer : ce n'est point la
maladie qui me tiēt, disoit-il, ie n'y auois
aucune disposition, c'est le Demon qui
me cause ces douleurs, par l'étremise de
quelqu'vn, on me procure la mort: il vouloit accuser le Pere d'estre cause de son
mal, son frere qui estoit là present, en disoit autant, le Pere se mist là dessus à declarer cōme la Loy de Dieu, nous deffendoit de procurer & mesme desirer
du mal à persóne, qu'il offenseroit Dieu
s'il leur souhaittoit la maladie ou la mort;
qu'au contraire il souhaittoit & procu-
roit leur bien, qu'au reste il se pouuoit
bien faire que cette maladie ne fust pas
naturelle que Dieu voyoit tout, qu'il iet-
toit les yeux sur luy, quand il crioit contre les prieres qu'il escoutoit toutes ses
paroles, qu'il penetroit dedás son cœur,
qu'il luy donnoit ce coup pour luy faire
recognoistre sa faute, que les douleurs
qu'il souffroit & estimoit insuportables
n'estoient rien, en comparaison des horribles supplices qu'il souffriroit aux En-
fers, s'il continuoit dás ses perfidies que

N

s'il vouloit se recognoistre, Dieu n'e-
stoit que douceur,& luy feroit misericor-
de:cela fist impression sur son esprit , &
supplia le Pere de prier Dieu pour luy, &
de l'enseigner,le mal luy dura quelque,
iours, pendant lesquels nos Peres l'assi-
sterent de tout leur possible,& le recom-
manderent instamment à la tres-saincte
Vierge,il guerit soudainement comme il
estoit soudainement tombé malade:de-
puis ce temps-là , il ne fist plus rien côtre
la Foy, ains au contraire il se mist à la
proteger, l'autre chef aussi nómé Tessu-
eatch fut espouuanté, & n'osa remuer
dauantage. Sur la fin de Feurier , ils partirent tous deux du Fort de Richelieu,
auec vne petite trouppe de leurs gens,
pour aller à l'Isle de Montreal,ils arriuerent à l'habitation nommée Ville-Marie
sur le commencement de Mars là où
les Peres du Perron & Poncet qui y ont
hyuerné, les voyant plus souples & qui
tesmoignoient vne particuliere affectiõ
à ce lieu,& souhaittoient de s'y habituer,
trouuerent à propos de les baptiser auec
plusieurs de leurs gens comme nous
verrons au Chapitre suiuant.

CHAPITRE XI.

De ce qui s'est passé à Montreal.

C'EST à present que l'on voit les vœux de l'ancienne France exaucez, & que le temps de grace est venu en ce bout du monde, où la sagesse & bonté Diuine commence â se faire sentir si benignement dans les cœurs, que sans bruit, & sans voix les anciens habitans de ces contrees y sont inuitez & attirez fortement par les chaisnes d'amour, que le seul S. Esprit imprime dans leurs cœurs : ils enuoyoient icy de toutes parts, leurs couriers pour nous asseurer qu'ils se veulent rendre aux touches du Ciel, & s'arrester pour ce subiet en ce lieu, tous de compagnie. Nos PP. des Hurons nous ont escrit que les Sauuages de leur quartier, y auroient deuácé les Fráçois, s'ils y eussét peu trouuer vn lieu d'assurance, ou azyle tel que

celuy qui y eſt deſia à preſent , quoy que
petit , en comparaiſon de ce qui eſt à eſperer à l'auenir. Ils mandent qu'ils ſont
perpetuellement à en parler, & que toſt
ou tard ils ſy viendront tous : nonobſtant la crainte des Iroquois , ſi l'on y eſt
fort de ſecours temporel contre l'ennemy : voilà de belles moiſſons.

Le gros des François qui ſont icy , eſt
compoſé de gens bien differents à la
verité de condition d'aage & de naturels, pour eſtre quaſi tous de diuers pays:
mais ils ne ſont qu'vn en volonté, viſans
tous à vn meſme but de la gloire de Dieu,
& au ſalut de ces pauures Sauuages, & ie
puis dire que leur vertu a ſeruy à la conuerſion de pluſieurs qui ont eſté gagnez
à Dieu par l'affection qu'ils leur ont teſmoigné. Croyriez vous bien que pluſieurs des ouuriers qui trauaillerent icy,
dés leur depart de France ne ſe ſont
propoſé autre motif que celuy de la gloire de Dieu , & de leur ſalut en vn lieu retiré des occaſions de mal faire ? la ſeule
penſee qu'ils contribuent autant qu'ils
peuuent au ſalut des ames, les fait trauailler de ſi bon courage, qu'il ne leur artiue

iamais de se plaindre. Aussi ont ils esté
côduits par vn Gétil-homme de merite,
que Dieu semble auoir tres-particuliere-
ment inspiré, & appellé pour le seruir en
ce lieu, tant il a d'affection, & pour l'esta-
blissement de la Colonie, & pour le salut
des Sauuages : il me suffit de dire que
c'est Monsieur de Chomadeu de Maison-neufue : sa modestie ne me permettant pas d'en dire dauantage.

Depuis le départ des vaisseaux de l'an
passé, vne des choses des plus remarquable, qui se trouue dans l'habitation de
Montreal, est la grande vnion, & la bonne intelligence de tous ceux qui y demeurent. Il y a enuiron cinquante cinq
personnes de diuers pays, de differentes
humeurs, de diuerses conditions, & tous
d'vn mesme cœur & dans vn mesme
dessein de seruir Dieu. Chacun s'est si
bien acquitté de son deuoir enuers Dieu
& les hommes, qu'on n'a trouué aucun
subiect de se plaindre, l'espace de dix
mois entiers : le commandement a esté
doux & efficace, l'obeïssance aysee, & la
deuotion aymee de tous vniuersellemét.
Si bien que celuy qui commande dans

cette habitation a receu vne satisfaction
grāde de ces gēs, tāt des sujets que de leur
Capitaine, & ceux qui góuuernēt l'Eglise, vn côtrēemēt entier des vns & des autres. On y a frequenté les Sacremēs, auec
profit, escouté la parole de Dieu auec
assiduité, & continué les prieres ordinaires auec edification : l'exemple de M. de
Maison-neufue, & des autres personnes
de consideration, qui sont-là, n'ont pas
peu contribué à cela. Les Sauuages
voyans vne si grande paix entre les François, en ont esté bien edifiez ont aymé
leur vertu, & en ont bien parlé.

Dieu nous a fait voir le soin qu'il a de
cette habitation, la deffendant cét hyuer
contre les eaux, qui par vne creüe extraordinaire la menacerent d'vne ruine totale, s'il n'en n'eust par sa prouidence
arresté le cours : elles couurirent vn
peu de temps les prairies & les lieux voisins du fort : chacun se retire à la veüe de
cette inondation qui s'augmentoit tousiours dans l'endroit le plus asseuré, on a
recours aux prieres. Monsieur de Maison-neufue se sent poussé interieuremēt,
d'aller planter vne Croix au bord de la

petite riuiere, au pied de laquelle est bastie l'habitation, qui commençoit à se
déborder, pour prier sa diuine Maiesté
de la retenir dans son lieu ordinaire, si
cela deuoit estre pour sa gloire, ou de
leur faire cognoistre le lieu, où il vouloit
estre seruy par ces Messieurs de Mont-
real, afin d'y mettre le principal establis-
sement, au cas qu'il permit que les eaux
vinsent à perdre ce qu'on venoit de cō-
mencer: il proposa aussi-tost ce sentimēt
aux Peres, qui le trouuerent bon : il l'escrit sur vn morceau de papier, le fait lire
publiquement, afin qu'on recognust la
pureté de son intētion, s'en va planter la
Croix, que le P. benist, au bord de la riuiere auec l'escrit qu'il attache au pied: s'ē
retourne auec promesse qu'il fait à Dieu,
de porter vne Croix luy seul sur la montagne de Mōt-royal: s'il luy plaist accorder sa demande. Les eaux neantmoins
ne laisserent pas de passer outre : Dieu
voulant esprouuer leur foy. On les
voyoit rouler de grosses vagues, coup
sur coup, remplir les fossez du fort, &
monter iusques à la porte de l'habita-
tiō, & sembler deuoir engloutir tout sans

N iiij

resource : chacun regarde ce spectacle
sans trouble, sans crainte, sans murmure;
quoy que ce fut au cœur de l'Hyuer , en
plein minuict , & lors mesme qu'on celebre la Naissance du Fils de Dieu en terre: ledit sieur de Maison-neufue ne perd
pas courage, espere voir bien-tost l'effet
de sa priere, qui ne tarda guere : car les
eaux apres s'estre arrestees peu de téps
au seüil de la porte, sans croistre dauantage , se retirerent peu à peu , met les
habitans hors de danger , & le Capitaine dans l'execution de sa promesse.

Il employe sans delay ses ouuriers, les
vns à faire le chemin, les autres à couper
les arbres; les autres à faire la Croix, luy-
mesme met la main à l'œuure , pour les
encourager par son exemple. Et le iour
estant venu , qui fut le iour des Roys,
qu'on auoit choisi pour cette ceremonie,
on benist la Croix, on fait Monsieur de
Maison-neufue premier soldat de la
Croix , auec toutes les ceremonies de
l'Eglise, il la charge sur son espaule, quoy
que tres-pesante, marche vne lieuë entiere, chargé de ce fardeau , suiuant la
Procession, & la plante sur la cime de la

montagne. Le Pere du Perron y dist la
la Messe, & Madame de la Pelletterie y
communia la premiere.

On adore la Croix & de belles Reli-
ques qu'on y auoit enchassé dedans, &
depuis ce temps-là, ce lieu fut frequenté
par diuers pelerinages. Ainsi il semble
que le zele, la deuotion, & la charité de
tous ces Messieurs qui se sont associez en
France à ce pieux & noble dessein, s'est
respanduë & communiquee à tous ceux
qui ont demeuré par de-çà en leur habitation, lesquels ont esté touchez bien
particulierement de Dieu, & ont tesmoigné auoir receu beaucoup de faueurs &
graces du Ciel, puisque la vie qu'ils y ont
menés l'Hyuer, a esté vne image de la
primitiue Eglise. Tous y ont vescu auec
ioye, souffrans les incommoditez d'vne
nouuelle demeure, en vn pays desert, où
pas-vn n'a esté malade; ce qui ne s'est
encor iamais remarqué en aucune nouuelle habitation par deçà. Le lieu est
beau, la terre grasse, & les prairies en
quantité: les Sauuages s'y plaisent extremément, & y demeureroient volontiers,
si on auoit osté le danger des ennemis,

ou mefnagé la paix auec eux : fans cela
ie ne vois pas qu'il y ait moyen que les
Sauuages s'y puiffent fixer & arrefter,
ny que les Hurons ayent la liberté d'y
defcendre, ny que la colonie des François y puiffe profperer. Ie fuis obligé
de parler auec cette fincerité.

Quant aux Sauuages qui ont frequenté cette habitation : voicy ce que m'en
efcrit le Pere du Peron, qui y a paffé tout
l'Hyuer; Ie puis dire auec verité qu'ils
n'ont pas pluoft commencé à cognoiftre la pureté du deffein de Meffieurs de
Mont-real, qu'ils en ont efté touchez
viuement, la croyance qu'ils ont quafi
par tout que Mont-Real n'eft eftably que
pour le feul bien des Sauuages, eft le plus
fort attrait, que l'on aye icy pour les porter à Dieu; ce font des chaifnes d'amour,
qui nous les attachent fortement, & font
qu'on ne trouue plus de refiftance dans
leurs cœurs, comme par le paffé, Ils difent tous que c'eft icy où ils veulent croire & eftre baptifez, & non feulement
ceux qui ont defia eu le bon-heur d'y demeurer ou paffer : mais mefme ceux des
nations plus eloignees au deffus de nous,

par le seul recit qu'ils en ont ouy. Voicy
ce qui s'est passé de plus remarquable à
leur regard.

Sur la fin de Feurier arriua à Mont-
Real, vne bande de vingt-cinq hommes
allans à la guerre contre les Iroquois, &
les femmes & enfans s'arresterent icy. A
deux ou à trois iours de là voicy encore
venir vne autre bande pour la chasse, laquelle y est si excellente, que les Sauuages nous disent tous qu'ils y auroient demeuré, il y a long-temps en grãd nõbre,
s'ils y eussent eu, comme à present, vn
lieu de refuge contre les Iroquois,
nos proches voisins. Celuy qui conduisoit cette bãde, a esté le premier homme
qui y a esté baptisé & marié en face d'E-
glise : il se nomme 8masasik8eie, & par
son nom de baptesme Ioseph, pour luy
faire porter le nom de la premiere famille que ces Messieurs de Mont-Royal ont
dõné pour les Sauuages : cestui-cy n'auoit
point encore paru à Mont-Royal, il venoit pour le cognoistre, il l'eust fait en
moins d'vn iour : car ayant entẽdu le dessein de cette habitation, il en fut soudain
touché, tesmoigna le desir qu'il auoit de

s'arrester enfin apres tant d'annees de
vie vagabonde, aggrea les propositions
qu'on luy fist, d'vn champ, & de deux
hommes qui y trauailleroient vne annee
entiere pour le mettre en train, il demã-
da instamment d'estre instruit : comme
on vist que cét homme y alloit tout de
bõ, sans differer, on le mena sur les lieux,
où il choisit luy-mesme la place, & y met
tout aussi-tost ses deux hommes en be-
soigne. Il souhaittoit fort que son oncle,
Capitaine de la nation de l'Isle, celebre
parmy ces nations, & nommémēt celles
d'en-haut, nommé Tessȣehas, & des Frãçois, le Borgne de l'Isle, fust aduerty de
la gratification qu'on luy faisoit, & nous
prioit d'en escrire par nos premieres lettres çà-bas aux trois Riuieres, où il deuoit aller : le bon-homme fust bien e-
stonné de voir son desir accompli, quasi aussi-tost qu'il l'eust conceu : car peu
de temps aprés Tessȣehas arriue sur
les glaces, viēt droit au Fort, & nous sur-
prist. D'abord, il dist, qu'il venoit pour se
faire instruire & baptiser : & entendãt ce
qu'on venoit de faire à son nepueu, pro-
met de s'arrester icy, & luy & les siēs : à 7.
ou 8 iours de là, sõ nepueu ȣmasasikȣeie,

voyant pressé par ses gens de partir le
demain pouraller à la chasse, n'y voulut
point aller sans Dieu: ainsi il en parla à sa
ne , & nous viennét prier de côpagnie
ô les baptise, & marie ce mesme iour,
que nous fismes auec les circôspectiós,
nstructiós requises, & à ce necessaires
tel cas. M. de Maison-neufue auec l'he-
age de la premiere famille, luy dôna le
de Ioseph, & Madame de la Peltrie sa
arraine vne arquebuse, sa femme sur-
mee en sa lágue Mitigʊkʊe fut nómee
anne par M. de Piseaux. De là nous ti-
s ces 2. Sauuages à part, pour leur par-
particulieremét de Dieu, & entrás dás
chábre de M. de Maisó neufue où estoiét
pl⁹ côsiderables, ces bônes gés cômá-
rêt en leur presence à no⁹ tesmoigner
ioye de leur cœur, de se voir Chrestiés,
François, disoient-ils, iusques à en sou-
aiter l'habit, & la demeure, & pour mar-
ue de la grace qu'ils auoiét receuë, nous
svismes qu'ils s'entredisoiét l'vn l'autre,
ontre la resolutió de tous leurs gens qui
euoiét partir le lédemain, retardós no⁹
utres icy deux iours, pour pouuoir Fe-
ter pour la 1. fois auec les François, le

Dimanche qui estoit le iour suiuant.

Le 9. iour de Mars le Borgne de l'Isle premier Capitaine de tous ces pays, & sa femme apres les dispositions requises pour le Baptesme le receuért enfin auec admiration de tous nos François, & de tous ces gens qui auoient veu autrefois cét homme si esloigné de ce qu'il faisoit, s'estimant à present heureux du nom de Chrestien, qu'on luy alloit donner. Monsieur de Maison-Neufue auec Madamoiselle Manse, le nommerént Paul, & sa femme fut nommée Magdelaine par Madame de la Peltrie, & Monsieur de Puiseaux. Toutes les ceremonies en furent faites auec grande solemnité à cause du grand progrês qu'on en doit esperer, pour la gloire de Dieu. Le Pere Poncet par la à tout le monde de la grande bonté de Dieu enuers cet homme: les larmes de ioye qui parurent sur plusieurs visages firent bien cognoistre que les cœurs estoient remplis de contentement, le pere ne pouuoit quasi parler, tant il estoit touché. Apres qu'ils eurent receu la benediction du Mariage, Monsieur de Maison-Neufue donna vne

belle arquebufe à Paul auec les chofes
neceffaires pour s'en feruir, les fift difner auec nous, & apres difner, fift vn
grand feftin à tous les Sauuages, où tous
les François affifterent, qui eftoient fi
refiouys qu'il n'eft pas poffible de plus,
de voir vne fi grande mifericorde de
Dieu. L'on a toufiours eftimé que le gain
de cét homme eftoit plus à prifer, que
d'vn grand nombre d'autres, iamais on
n'a douté que s'il fe conuertiffoit vne
fois, qu'il ne fift parfaictement bien, veu
les grands talents naturels que Dieu
luy a donné. Auparauant qu'il fuft Chreftien, Dieu luy auoit fait vne grande grace, à fçauoir de permettre que fes enfans
fuffent baptifez, & outre cela il a efté
caufe que beaucoup d'autres l'ont efté,
lefquels font prefque tous morts, &
pour luy il ne le vouloit point éftre du
tout; d'autre cofté il a beaucoup retar-
dé la gloire de Dieu, les Sauuages prenant, exemple fur luy, mais il y a apparence qu'il le reparera.

Voicy le chemin dont Dieu s'eft fer-
uy pour le tirer à foy, lequel eft bien au
deffus de toute prudence humaine: car

lors que l'on ne penſoit à rien moins que
de le voir icy , veu l'auerſion qu'il en
auoit teſmoigné ſur la fin de l'eſté , le
voila cependant arriué icy le premier
iour de Mars , il frappe à la porte de la
chambre de Mõſieur deMaiſon-Neuf-
ue : Ioſeph ſon nefueu que i'enſeignois
en ma chambre, & qui nous auoit dit,
deux heures auparauant, qu'il eut bien
deſiré que le Borgne ſon oncle eut ſceu
ce bon traittement qu'il auoit receu de
nous, & qu'il ſouhaitteroit qu'on luy en
eſcriuit : il ne pouuoit croire qu'il fut
venu, auparauant que l'auoir veu, tant
il le croyoit eſtre eloigné de venir icy:
le Borgne nous dit qu'eſtãt party de Richelieu, pour aller aux trois Riuieres, il
auoit tout d'vn coup pris reſolution de
venir icy auec ſa femme & ſa fille, nonobſtant les dangers : l'vnique ſujet qui
m'ameine, diſt il, c'eſtla priere, c'eſt icy
où ie deſire prier, eſtre inſtruit & baptiſé,
que ſi vous ne l'aggrées pas, ie m'en iray
aux Hurons , où les robes noires qui y
ſont autour des Algonquins m'enſei-
gneront, comme i'eſpere.

Monſieur de Maiſon-neufue , touché
de

de voir cét homme, & reſolu de n'eſpar-
gner aucune choſe qui fuſt en ſon pouuoir , pour la conuerſion de ce pauure
Sauuage, nous ſupplie de luy dire de ſa
part, que s'il auoit enuie de ſe faire inſtruire & s'arreſter, il n'auoit que faire
d'aller plus loin qu'en ce lieu cy, où il
l'aſſiſteroit de tout ſon poſſible, & l'ay-
meroit comme ſon frere : cét homme
luy teſmoigna beaucoup de reſſentimét
de ces offres: cependant nous taſchaſmes
de ne perdre aucun moment de temps,
pour trauailler à ſa conuerſion, de laquelle délors il nous donna bonne eſperance, aſſiſtant touſiours aux prieres &
inſtructions , & à tous les bapteſmes de
tous ſes gens, il procedoit tant auec
Monſieur de Maiſon-neufue , qu'auec
nous, auec ſi grande prudence qu'il
n'eſt pas poſſible de l'exprimer : on la
veu eſcouter des deux heures ce caticees
que nous luy diſions, ſans dire vn ſeul
mot, pour mieux penſer à ce qu'il auoit
à faire: il teſmoignoit tant de deſir d'eſtre
inſtruict qu'il ſe faiſoit inſtruire de tous
indifferemment, diſant ſon *Pater* auec les
vieilles & enfans: Ma fille, diſoit-il, les

n'a pas d'esprit, de ne me vouloir pas enseigner ce qu'elle sçait : C'estoit là son
vnique & important affaire , & autrefois indigne, à son aduis, de ses pensees, il
portoit ses gens à faire comme luy : en
vn mot Dieu qui vouloit estre le Maistre de ce cœur, luy donna de grandes
dispositions pour la foy : en suitte dequoy il nous dist, ie n'ay iamais promis
là-bas de me faire baptiser, mais de me
faire instruire : mais à present ie vous le
promets. La nuiēt ensuiuant, il dist à ses
gens la resolution qu'il auoit prise , & la
parole qu'il auoit donnee, il passa le reste
de la nuiēt à haranguer tous les Sauuages où il dist des merueilles de la foy,
pour les encourager tous, improuua son
procedé passé , & dist qu'il esperoit que
Dieu l'aideroit estant Chrestien, à mieux
faire à l'aduenir. Le lendemain , il nous
vint trouuer le Pere Poncet , & moy,
nous demande instamment le Baptesme, que nous luy accordasmes pour le
voir dans la meilleure disposition , que
nous l'aurions peu iamais souhaitter, ça
me dit alors, ce bon-homme, plein de
ioye de cette bône nouuelle, meine nous

en ta chambre, ma femme & moy, pendant que les autres s'en iront à la Messe
du Pere, tu nous instruiras là, de ce que
nous deuons respondre à la ceremonie
du Baptesme : ça haste-toy : car il y en
aura iusques à la nuict, tant il te faudra
baptiser de personnes : tu auras assez affaire aussi biẽ que le Pere, pource tout le
lõg du iour ne peut satisfaire à mes gens,
qui veulent tous estre baptisez, à quoy
luy ayant satisfaict, il les mene à l'Eglise,
les met entre les mains du Pere, qui
auant qu'en partir, les fist enfans de Dieu,
leur versant l'eau & le S. Esprit sur la
teste. En suitte Monsieur de Maison-neu-
ue, pour l'arrester icy, luy donna la mesme condition qu'il auoit fait à Ioseph, &
met deux hommes pour trauailler pour
lui, qui auec les deux autres, faisoiẽt quatre, & s'il eust peu, eust fait encore dauantage pour vne affaire de telle importance. Si tost qu'il a esté baptisé, l'on a recognu tout visiblement de tres-grands effects de la grace de Dieu sur luy : Nous
prenions plaisir à le considerer & entendre parler des bons sentimens que le S.
Esprit luy donnoit, touchant la grace du

Baptefme, l'on voyoit en luy vn vifage
d'autant plus refolu à tenir bon pour la
foy, qu'il y auoit efté long temps fort
contraire, au lieu que Paul Teſſuehat
eſtoit l'homme du monde le plus fuperbe auparauant fon Baptefme, ſi toſt qu'il
a efté Chreſtien, Dieu luy donna la douceur & l'humilité d'vn petit enfant, ſe
faifant inſtruire, mefme par fa petite fille, auec vne douceur nompareille, & ſim-
plicité Chreſtienne, qui le rend fouple
à toutes nos volontez : il eſt ſi zelé & ardent à apprendre ce qui luy eſt neceſſaire pour fon falut, qu'il trouuoit les iours
trop cours, & couchoit fouuent chez
nous, afin de ſe faire inſtruire pendant la
nuiĉt, iamais ie n'ay veu vn homme auoir
tant d'affection d'eſtre inſtruiĉt : il ap-
portoit vne diligéce & application nompareille à apprendre par cœur les prieres, en prononçant tous les mots fur fes
doigts, y paſſant les nuiĉts entieres; nous
ne pouuions le laſſer, quoy que nous y
fuſſiós quelquefois iufque à la minuiĉt: il
parloit fouuent à tous fes gens d'embraf-
fer la foy, refutoit l'ignorance de nos
myſteres qu'ils apportoient en excufe,

par son exemple qu'il leur alleguoit, leur
disant, que quand ils seroient baptisez,
ils apprendroient plus aisément. Il reco-
gnoissoit auec estonnement qu'il y auoit
quelqu'vn dedans luy qui l'instruisoit, &
luy suggeroit ce qu'il deuoit dire à Dieu:
souuent il arriue des merueilles en ces
bonnes gens, sans qu'ils s'en apperçoi-
uent.

Ce bon homme nous disoit qu'autant
de fois qu'il s'esueilloit la nuiét, il prioit
pour ses ieunes gens qui estoient à la
guerre: la priere que ie fais, disoit-il, ie la
repete, comme apres vn autre, qui m'enseigne interieurement: car ie ne sçay encore rien pour parler à Dieu: voicy comme ie dis. Toy qui as tout fait, aide à nos
ieunes gens, deffends les contre nos ennemis: tu peux tout, donne leur courage
pour les vaincre: Voilà qui seroit bó si nos
ennemis croyoiét en toy, pout les aider
aussi bien que nous qui esperós en toy, ils
ne t'honorét point, abandóne les, & nous
deffends nous autres, qui voulons maintenant croire en toy. Deux ou trois iours
apres son Baptesme, allant à la chasse
auec vn ieune Huron qu'il tient chez
O iij

foy par charité, depuis l'Esté passé, se
voyāt bien auant dans le iour, sans auoir
rien pris, il se met à genoux, & prie en
cette sorte; Toy grand esprit, qui cognois
tout, ne vois-tu pas bien que ie n'en
pourray venir à bout, si tu ne m'aides, tu
peux tout, aide moy donc, & à l'instant
voila qu'il entend du bruit, le suit & tuë
auec son compagnon deux vaches & vn
orignac. Sa ferueur aux prieres est incō-
parable, il n'est pas plutost appellé qu'il
vient, premier & appelle & presse les
autres de s'y rendre promptement, il se
rend si souple à tout, que mesme il n'osoit
partir, pour aller icy autour à la chasse, à
cause que nous luy auions dit, qu'on l'in-
struiroit plus amplement apres son Baptesme, il n'est honteux aux Catechis-
mes que l'on fait en public, de repeter
comme vn enfant, ce qu'il sçait du *Pater,*
& excite ses gens à y respondre hardiment: bref il se trouue à tout, ce que nous
faisons en l'Eglise, à tous les Baptesmes
de ses gens, les Festes apres que nous
auions chanté les Vespres; il nous venoit
aussi solliciter de le faire prier & chanter
à part, il experimentoit la douceur de

l'esprit du Christianisme, & nous disoit
que les cruautez qu'ils exerçoient contre
leurs ennemis, luy desplaisoient, il ne ces-
soit de louër la charité de M. de Maison-
neufue nostre Capitaine, la biē-veillāce
des Dames qui sont icy, la bonté de tous
nos gens, & la douceur dont nous vsions
enuers eux, & que ce qu'ils entendoient
dire d'vn Dieu plein de bonté & misericorde pour les hommes les rauissoit, &
que ce qui les auoit le plus touché, estoit
la cognoissance qu'on leur donnoit de la
bonté de Dieu, & que c'estoit cela qui les
auoit tous gagnez, & faisoit qu'ils estoiét
tous en nostre disposition : il conceuoit
de grandes esperances de la conuersion
des autres peuples, ausquels i'espere que
son exemple ne seruira pas de peu, pour
les ranger à l'obeïssance de la foy. En vn
mot il s'est comporté icy en vray Chrestien.

Vn certain soir estant venu en nostre
saletre, il se mist imperceptiblement à y
prescher deux bonnes femmes qui y
estoient. Le discours qu'il leur tinst, e-
stoit rauissant, & comme la plus forte
raison qu'elles alleguoient, pour n'estre

pas encore baptiſez, eſtoit qu'elles n'e-
ſtoient pas inſtruites, il leur reſpondit,
quand vous ſerez baptiſez vous en ap-
prendrez en vn iour plus que vous n'en
euſſiez fait en quinze iours car Dieu
vous y aidera. Il ne veut pas aller à la
chaſſe auec les autres hômes, quoy qu'il
en ſoit preſſé par les ſiens meſmes, ſi i'y
vais, diſoit-il, toutes les femmes & enfans m'y voudront ſuiure, i'ayme mieux
demeurer, pour leur donner le moyen
d'eſtre inſtruits aupres de vous autres, &
moy auſſi: & en effet il le fit, ſe rédant aſ-
ſi du à toutes les inſtructions publiques &
particulieres, & preſſant luy-meſme les
autres. Que ne fiſt-il autour de ſon ieune
Huron qu'il entretient ? il luy rediſoit
tout ce qu'il entendoit & ſçauoit de nos
myſteres, il eſtoit rauy de le voir en la
diſpoſition de vouloir eſtre Chreſtien
comme luy : enfin il fiſt ſi bien que
nous le baptiſaſmes, apres auoir remarqué en luy la diſpoſition neceſſaire
en tel cas. Il fut nommé Ioſeph: comme
on luy demandoit en d'eſtail, s'il croyoit
les articles du *Credo*, il reſpondit en vn
mot de bô cœur, ie crois tout: l'on voyoit

sur son front ie ne sçay quelle ioye si extraordinaire, que chacun des François le vouloit voir, pour en tirer de la consolation, sa modestie & ses mains continuellement iointes de si bonne façon, nous parloient assez, & faisoient voir qu'il prisoit grandement la grace qu'il alloit receuoir.

Vn ieune homme de la nation d'Iroquet, nommé Chinaɣich, merite qu'on en dise vn mot en passant : il y a vn an à ce Prin-temps qu'il descendit de son pays, & vint aux trois Riuieres, esquippé en guerre, auec vne vingtaine de ses gens, & entr'autres le Capitaine des Nipissiriniens, nommé ɣikaɣymint : ce ieune homme ayant parmy ses gens, reputation de vaillant, & bon chasseur, estoit desia recommendable, & son humeur gaye tout ce qu'il se peut, & libre, le faisoit aimer de tous aux trois Riuieres : il m'auoit tesmoigné pendant vn ou deux mois, vn grand desir de croire, & venoit fort souuent nous voir pour estre instruit. Aussi-tost qu'il fut icy, &bié,dit-il,c'est tout de bõ qu'il faut que tu m'enseignes,&que tu me baptises,

i'en ay vne si grande enuie, que ie feray
tout ce que tu me diras, iusques là mesme que si tu me dis que ie quitte mõ Demon, qui me faict prendre à la chasse,
tout ce que ie veux, ie suis prés à le faire,
quoy que ie l'ayme bien, i'ay ieusné sept
iours entiers, sans rien manger du tout
pour l'auoir, ie l'ayme cõme mon corps,
aussi est-ce ainsi qu'il l'appelloit: Ce fut
icy où ceux qui y estoient presents, virẽt
vn grand effort du Diable, sur cét homme, pour destourner le coup de pied qu'il
luy vouloit donner; car il commença à
l'instant à tourner les yeux en la teste, &
deuint pensif, nous regarda affreuse-
sement, ioignant tousiours pourtant les
deux mains, & continuant à me respondre assez doucement & pertinemment
à ce que ie luy demandois, mais iamais
nous ne pûmes tirer de luy qu'il renon-
çast sur l'heure à son ennemy caché, &
comme nous le pressions de nous le dõ-
ner, qu'autrement il ne seroit point baptisé, voila qui seroit bon, disoit-il, s'il
paroissoit, il est dans moy sans que ie le
voye, quelque fois il m'apparoist en
songe, de nuict comme vne femme nuë,

me parle quelque mot tout bas, quand
ie suis dãs les bois, si ie pense que ie veux
tuër telle beste, aussi-tost i'en vois vne,
ie cours & la tuë, mais quoy, luy dis-ie,
ne le sens tu point maintenant, non non
dit-il, mais ie le crains à present ? prends
courage luy dismes-nous, Dieu t'aidera,
espere en luy, après t'on baptesme toutes ces craintes s'esuanouyront. Le Diable qui le possedoit, sans qu'il s'en apperceut, l'empescha de nous donner pour ce
iour la parole de cõsentement que nous
luy demandiõs pour renoncer à son Demon : l'exemple de Paul Tessouehat qui
fust baptizé le lendemain, le fortifia enfin, & le fist retourner à nous apres midy, nous demandant auec de tres grandes instances le baptesme, & promet-
tant en suitte de bonne façon de renoncer entierement & quitter son Diable &
toutes ses iongleries defendues, ce qu'il
fist courageusement, apres quoy on le
baptiza & nõma Iacques. Aussi tost apres,
d'affreux qu'il estoit auparauant, il parut
gay & ioyeux au possible, il ne sçauoit quelle chere nous faire, il nous
rendoit tous les offices qu'il pou-

uoit, il dit à Monsieur de Maison-neufue,
que s'il vouloit, il demeureroit touſiours
icy, pour ſeruir d'interprete aux Hurons, pour les inſtruire, afin qu'ils fuſſent
baptiſez? Puis-ie aller à la guerre contre
les Iroquois, me demanda-il? Ouy, diſ-
mes nous, & ſi i'en prenois quelqu'vn,
& qu'on le voulut tourmenter, que
ferois ie? y contriburois-ie du mien?
non, dit-il, de ſoy-meſme, ie le
tuerois ſur le champ : ce ſont là des
effets bien grands de la grace receuë par
le baptefme, depuis lequel il s'eſt touſiours comporté en vray Chreftien; Ie
luy ay veu faire icy des traits rauiſſans
pour la foy : mais la crainte de m'engager en de trop longs diſcours, où ie
me iette imperceptiblement, m'empeſche d'en dire autre choſe.

A pres le Baptefme de ceux-cy, nous-
nous ſentifmes incontinent obligez le
Pere Poncet & moy, à ſatisfaire aux in-
ſtantes demandes de quantité d'autres
perſonnes, & ce, en vn temps que nous
les penſions plus eloignez de nous faire
telles propoſitions; puiſque c'eſtoit au retour d'vne bâde de quinze guerriers, qui

auoient esté mis en fuitte par l'ennemy,
qui les auoit surpris la nuict, où il y en
eust 4. tant pris que tuez, & quelques-vns
de blessez, des vnze qui retournerêt tous
nuds & delabrez, & sans armes, auec la
croyance ferme que Pieskaret, & huict
autres de leurs gens qui faisoient vne petite bande à part, à vne demie-iournee
d'eux, & plus proche du pays de l'ennemy, auoient esté tous surpris, ou tuez sur
la place, asseurans en auoir veu les armes
entre les mains des Iroquois, qui les a-
uoiêt attaquez. Ce fut icy à tous vn grâd
subiet de consternation, & vn pauure temps à gaigner quelque chose pour
la foy aupres des Sauuages : ceux qui les
cognoissent, sçauent assez, que semblables rencôtres leur donnêt sujet de ren-
uerser le Christianisme, attribuans tous
leurs malheurs au Baptesme: on n'ose pas
seulement dire vn mot pour lors, crainte
de donner occasion à quelque estourdy,
de dire ou faire quelque chose mal à propos pour la foy : cependant côme les affaires de Dieu sont d'vne telle nature,
que souuent ce que la raison humaine y pense contraire, c'est iustement

ce dont il en tire plus de gloire, nous
pouuons dire qu'il en a fait de mesme
icy, car nous auõs plus tiré de profit de
leur mal-heur que de leur prosperité,
tous ces pauures guerriers ne sont pas
plustost de retour, qu'ils demandent les
vns apres les autres, qu'on les instruise &
baptise, & ceux entre autres qui auoient
esté des premiers à faire des iongleries
& se seruir du Diable pour leur gueule,
estoient les plus feruents à nous en presser, nous estions tous estonnez qu'entrans en leur cabane sans leur vouloir
quasi rien dire, ils nous y incitoient, &
nous donnoient de belles occasions de
parler de Dieu, de recourir à luy dans la
necessité. Venés souuent nous visiter
disoient-ils, nous sommes tous resolus à
croire en Dieu & à luy obeyr. Le temps
nous tardoit de voir icy de retour Paul
Tessouehat qui estoit fraischement allé
à la chasse pour deux ou trois iours, afin
de remarquer comme il se comporte-
roit, on craignoit qu'il ne parlast au des-
auantage de la Foy : mais tant s'en faut
il prit de là occasion, ainsi que i'enten-
dis moy-mesme de dehors, de prescher

ſes gens en ſa cabane, il auoit plus de
ſubieét de s'affliger qu'aucun : car outre
quatre de ſes fort proches parents, il
voyoit vne partie de ſes gens perdus; cependant parmy toutes ſes afflictions, il
tint touſiours ferme en la priere, & ne
manqua point d'aſſiſter à ſon ordinaire
à toutes les choſes que nous faiſions en
l'Egliſe, & reſmoignoit dans ſon affli-
étió beaucoup de cóſolatió, de voir que
ſes gẽs ſe pottoiẽt à l'imiter au bien, il ne
nous ſeruit pas peu à les encourager à
tenir bon, ils firent ſi bien que dans le
reſte du mois de Mars, il y en eut aſſez
bon nombre, à qui en conſcience on ne
pouuoit refuſer cette grace, pour eſtre
tres-bien diſpoſez.

Dés auſſi-toſt qu'on s'apperceuoit de
quelque petit meſlange d'intereſt temporel, en ceux qui ſe rengeants au bien
nous demandoient le bapteſme, c'eſtoit
aſſez pour nous lier les mains, ainſi qu'il
arriua au frere de Ioſeph, à Michaket-
chits & pluſieurs autres qui faiſoient
voir par là qu'ils n'apprehendoient pas
aſſez la grace du bapteſme : comme la
plus grande faueur qu'on leur put faire.

Ie m'oubliois quasi d'vn bon trait de
Paul Tessouehat dans le ressentiment
qu'il auoit des obligations de son baptesme, il s'en vint treuuer Monsieur de
Maison-Neufue, pour le remercier de ce
qu'il l'y auoit aydé de si bon cœur, & luy
dit, que pour lay il vouloit acheuer le
reste de ses iours auprés de luy, voulant
par vne demeure côtinuelle recompen-
ser le peu de temps qu'il auoir à viure, &
que quand il voudroit aller en traitte
aux trois Riuieres qu'il luy demande-
roit congé, & sçauroit de luy s'il l'auroit
pour agreable. Monsieur de Maison-
Neufue, le remercia de ce tesmoignage
d'affection, & luy dit qu'il ne desiroit
pas le gesner, & qu'il pouuoit aller hardiment où il luy plairoit, & pour tant de
temps qu'il voudroit, qu'il ne l'en ayme-
roit iamais moins, iugeant bien pour la
gloire de Dieu, que ceste liberté estoit
plus auantageuse, en effect elle le rauit,
& nous l'attacha plus fortement que iamais.

Ie dirois volontiers icy vn mot d'vn
chacun en particulier pour faire voir
plus clairement que ce n'est pas l'indu-
strie

ſtrie humaine qui a operé en cette affaire: mais Dieu ſeul qui ſe ſert des perſonnes, des lieux & des temps, comme il luy
plaiſt, & à ſa façon, contre la prudence
humaine : la crainte de m'engager en vn
trop long diſcours m'arreſte.

Sur le commencement d'Auril vne
bonne partie des Sauuages eſtans partis
pour aller dans les bois, tant pour la
chaſſe des Caſtors que pour y faire des
Canots, Paul eſtant reſté auec quelque
autre, voila qu'on apperçoit à l'autre
bord de la riuiere, quelques perſonnes
qui deſcendoient à nous, & cherchoient
paſſage pour paſſer ſur les glaces, on ne
tarda pas à recognoiſtre par le nombre,
que c'eſtoit la bande de Pieſcaret, & de
ſes gens qu'on auoit pleuré cóme morts
leſquels retournans victorieux auec vne
teſte de l'ennemy, venoient changer le
deüil en ioye. Paul enuoye querir ceux
qui eſtoient fraiſchement partis, dele-
gue diuers Ambaſſadeurs vers ceux qui
eſtoient dans les bois, on reçoit les victorieux, on les traitte on danſe auec
eux, Paul demande qu'on les face tous
prier de compagnie dans la Chappelle à

P

quelque temps de là, il reuient chez nous
auec Pieskaret, & deux ou trois autres
des plus considerables, demandans à
parler à Monsieur de Maison-neufue.
Piescaret fit le rapport du resultat de
leur conseil tenu le soir en leur cabane:
mais Paul ayant cognu que cet homme
auoit deduit l'affaire tout d'vné tire, &
auec embarras de paroles, se mit luy-
mesme à nous en redire les poincts d'vne
façon nette & claire, que ce qui estoit
arriué dans cette derniere guerre où ils
auoient perdu quatre personnes, & les
armes de la plus part des autres, les met-
toient en vn estat de changer l'ordre de
leurs affaires, qu'ils s'estoient proposez,
que là dessus ils auoient resolu d'aller
tous aux trois riuieres, où les autres
estoient, iusques à la fin de l'esté, tant
pour faire tous ensemble le dueil des
morts, que pour deliberer en commun
ce qu'ils feroient là dessus, de plus qu'ils
vouloient voir pour la derniere fois, si
on leur tiendroit la promesse de leur
donner secours contre nostre ennemy
commun.

Enfin pour conclusion ces bonnes

gens comme personnes qui se sentoient
grandement obligés, commencerent à
faire des remerciments à leur mode fort
gentils : ils ne sçauoient que dire ny que
faire pour tesmoigner le ressentiment
qu'ils auoient de la courtoisie & bien-
veillance de Monsieur de Maison-neufue : il y a trois ans, disoit Paul, que i'a-
uois ouy parler de ce dessein, nous l'ad-
mirions & desirions, & maintenant nous
voyons ce que nous attendions. Monsieur de Maison-neufue pour responce à
leur conseil, leur fit entendre qu'ils
estoient en pleine liberté, ne les desirant
prés de soy que pour leur bien, & que
toutesfois & quantes qu'ils viendroient
icy, ils y trouueroient tousiours vn
cœur ouuert, & prest à leur donner tous
les secours & faueurs possibles, qu'ils
allassent hardiment où il leur plairoit.
Ils partent donc tous le lendemain pour
les trois riuieres sur les glaces qui com-
mançoient de toutes parts à se despren-
dre, & l'estoient desia vis à vis de nous,
& ce dés aussi-tost apres le retour de
Piescaret & de sa bande, laquelle ne fut
pas plustost passée sur la glace, que le

grand chenail se rompit & boucha le
passage à l'ennemy qui ainsi que nous
auons appris du depuis par les Hurons
sauués des mains des Iroquois, pour-
suiuirent ceux-cy, & fussent mesme
venus iusques à nos portes, sans les
glaces qui deriuoient desia bien fort.
De tous les Sauuages il ne nous en demeura qu'vn nommé Pachirini qui
estoit arresté par les pieds, depuis leur
desfaitte, il auoit tousiours voulu demeurer chez nous auec deux autres
malades dans le petit Hospital que nous
y auions dressé pour les blessez, tant
pour y estre mieux pansez; que pour y
estre mieux instruicts, en effect & luy
& les autres y receurent les guerisons
du corps & de l'ame, ce dernier le mesme iour qu'il fut baptizé, qui fut le
Ieudy sainct, receut aussi en mesme
temps le Sacrement de l'Eucharistie,
qu'il ne pouuoit receuoir de sa vie, en
meilleure disposition. Il nous seruit
icy pendant sept ou huict iours, qu'il
resta apres les autres, à faire quelques
découuertes de pays icy autour: nous
fusmes auec luy à l'autre bord de nostre

grande riuiere, où tant soit peu au dessus
de nous à l'emboucheure d'vne petite
riuiere assez profonde, il y a les plus
beaux lieux du monde pour les habitations Françoises, tout foisonne en prairies, force chasse & pesche, les arbres
fort beaux tres bonne terre, il n'y a que
l'ennemy à craindre, & de basse eau le
portage des viures : mais plus bas il y a
de mesme costé de tres-belles Isles de
grand abord propres à estre habi-
tées.

Ie ne diray rien icy de plusieurs autres baptesmes d'enfans qui furent fais
icy l'Automne passé, & à ce prin-
temps, contentons-nous de dire, qu'à
Mont-real autant qu'en aucun autre
lieu, Dieu y a fait sentir de tres grands
effects de sa grace, tant sur les Sauuages que sur les François, ainsi que nous
auons veu cy-deuant.

Nous auons veu fraischement Mont-
real auoir esté l'azile des Hurons refu-
giés, & le salut de quantité d'autres de
diuerses nations où l'on a commencé à
le cognoistre, & souhaitter le bon-heur
d'y estre, nommement ces nations d'en

haut, si nous en croyons à ce que nous
en escriuent nos Peres des Hurons, &
nommement ceux qui y sont pour les
Algonquins ; dont voicy les propres
termes.

Nous auons recogneu par experience que Ville-Marie peut beaucoup pour
contribuer à la conuersion des Sauuages, nommement Algonquins, ayant
en main les biens faicts qui sont des
charmes puissants sur les ames grossie-
res, & telles que sont celles de nos Ca-
nadois, il n'y en a point qui aye tant
entendu parler de l'accueil que l'on y
fait aux Sauuages, que celuy qui les a
veu au retour, & a eu son departement
d'hyuer à leur rendez-vous ordinaire
dans les Hurons : ie ne doute nullement
qu'apres ce qu'ils m'en ont dit, si le lieu
auoit plus d'asseurance, qu'ils ne quit-
tassent pour tousiours ce pays icy pour
composer à Mont Royal vne bourgade, & y amasser ceux de l'Isle, & les
autres nations esparses, qui se voyent
estre la proye des ennemis icy, & sur
la riuiere où ils ont leur habitudes : ils
ne demandent pas mieux que d'auoir

vn lieu de refuge, asseuré où ils puissent viure, & se ramasser : cela sera
comme i'espere, & ne sçauroit estre
assez tost pour le bien d'vne nation, la
plus pauure & miserable que i'aye
veuë.

Il y a icy autour de nous quantité
d'Algonquins qui ne cherchent que
rendez-vous asseuré, où ils puissent
chasser & viure hors des dangers des
ennemis, où ils sont à toute heure, ils
viennent icy haut pour chercher lieu
de refuge, ne le trouuant pas sur la
grande riuiere, où sont toutes leurs
habitudes, s'il n'eust faict si chaud à
Mont-royal, ils y seroient desia, &
y eussent deuancé les François, ce lieu
leur agreant plus que tout autre. Maintenant qu'ils vous y croyent, ils ne
parlent d'autre chose, & quand ils
nous voyent, ils n'ont autre entretien. C'est-là disent-ils, où nous voulons obeyr à Dieu, & non pas icy. Ie
ne doute point de leur recit, que ce
qu'ils y virent, l'an passé en remon-
tant icy n'aye beaucoup aydé à esbran-
ler leurs cœurs, & pense que si l'affai-
P iiij

re est bien conduitte , dans peu d'années les Sauuages se rengeront à Ville-Marie , en beaucoup plus grand nombre qu'ils ne sont à Sillery, ce ne sçauroit estre assez tost pour eux & pour nous : Car quand bien les Mataouachkariniens, Onontchateronons, Kimonchepirinik, Sesekariniens, ceux de l'Isle , & autres qui parlent l'idiosme de là bas , & s'vnissent icy l'hyuer , proche des Hurons , iroient à Mont-Royal , nous aurions encore outre les Nepissiriniens, Archirigouans, Archouguets , tous les Algonquins vniuersellement du lac des Hurons, qui sont encore en grand nombre. C'est à vous autres qui estes sur les lieux d'auiser aux moyens d'attirer ces peuples , & les conseruer.

La liberalité sans doute est la meilleure chaisne qu'on puisse apporter à gaigner leurs cœurs, nommément dans la misere où ils sont : car ie n'ay point veu d'Algonquins si pauures & necessiteux, que ceux là. Ce sont d'ailleurs gens fort traitables.

Voila deux eſchantillons de lettres de
nos Peres des Hurons, que i'ay rappor-
tez, mot pour mot, qui nous font cognoiſtre que le deſſein de Mont-Real eſt de
grande conſequence, pour la conuerſion
de ces pays : les grandes eſperances
qu'on en a conceu par le paſſé, ne ſeront
pas vaines, Dieu aidant, & pour moy ie
crois qu'on n'en ſçauroit tant conceuoir
de bien qu'il y en a, & aura à l'aduenir.

CHAPITRE XII.

Des Courses des Hiroquois, & de la captiuité
du Pere Ioques.

L y a deux sortes d'Iro-
quois : les vns voisins des
Hurons, & en pareil nom-
bre qu'eux, ou mesme
plus grand, ils s'appellent
Santyeronons. Autrefois les Hurons a-
uoient le dessus, à present ceux-cy l'emportent, & pour le nombre & pour la
force : les autres demeurēt entre les trois
Riuieres, & les Hiroquois d'en-haut, &
s'appellent Agneronōs ; il n'y a en ceux-
cy que trois villages : faisant enuiron
sept ou huict cens hommes d'armes,
l'habitation des Hollandois est proche
d'eux, ils y vont faire leur traictes sur
tout d'arquebuses, ils en ont à present
trois cents, & s'en seruent auec addresse
& hardiesse. Ce sont ceux-cy qui courēt
sur nos Algonquins & Montagnets, &

guettét les Hurons par tous les endroits
de la Riuiere, les maſſacrâts, les brulâts,
& emportants leur Pelterie, qu'ils vont
vendre aux Hollandois, pour auoir de la
poudre & des Arquebuſes, & puis raua-
ger tout & ſe rendre maiſtres par tout: ce
qui leur eſt aſſez facile, ſi la France ne
nous donne ſecours. Car diuerſes maladies contagieuſes, ayànt conſommé la
plus grande partie des Montagnets &
Algonquins, qui nous ſont voiſins, ils
n'ont rien à craindre de ce coſté là : &
d'ailleurs les Hurons qui deſcendent, venants en traicte, & non en guerre, &
n'ayants aucune Arquebuſe, s'ils ſont rē-
contrez, comme il arriue d'ordinaire, ils
n'ont autre deffence que la fuitte : & s'ils
ſont pris, ils ſe laiſſent lier & maſſacrer
comme des moutons. Les années precedentes, les Iroquois venoient en aſſez
groſſes troupes en certains tēps de l'E-
ſté, & laiſſoient aprés la Riuiere libre:
mais cette annee preſente ils ont changé de deſſein, & ſe ſont diuiſez en petites troupes de vingt, trente, cinquante,
& de cent au plus, par tous les paſſages &
endroits de la Riuiere, & quād vne bāde

s'en va, l'autre luy succede. Ce ne sont
que petites troupes bien armees, qui partent sans cesse, les vnes apres les autres
du pays des Iroquois, pour occuper toute la grande Riuiere , & y dresser par
tout des embusches , dont ils sortent à
l'impoutueu & se iettent indifferemmēt
sur les Montagnets, Algonquins, Hurós,
&' François : on nous a escrit de France,
que le dessein des Holládois est de faire
tellemēt harceler les Fráçois par les Iroquois, qu'ils les côtraignent de quitter &
abandóner tout , & mesme la conuersion
dés Sauuages. Ie ne puis croire que ces
Messieurs de Hollande, estant si vnis à la
France, ayent cette malheureuse pésee:
mais la pratique des Iroquois y estant si
côforme, ils doiuent y apporter remede
en leur habitation , comme M. le Gouuerneur a fait icy , empeschāt souuēt nos
Sauuages d'aller tuër des Hollandois , ce
qui leur est tres-facile: autrement ils auront de la peine à se purger , & se mettre
hors du tort. Or voicy le miserable succez des courses des Iroquois cette annee.

Le 9. de May dernier, si tost que les
glaces furent parties de dessus la grande

Riuiere, huict Algonquins descendans
de deuers les Hurons dans deux canots:
tous chargez de pelterie, se mirent à terre, vn matin à quatre lieuës des trois Riuieres, pour faire vn peu de feu : il auoit
gele assez fort toute la nuict, & auoient
ramé pendant les tenebres, craignant la
surprise de leur ennemis. A peine auoiét-
ils esté demie heure à se rafraischir, que
dix-neuf Iroquois sortent du bois , &
se iettent sur eux, tuent deux hommes,&
amenent les autres captifs, auec toute
leur pelterie. Le Pere Buteux auoit passé
par là,il n'y auoit que deux iours dans vn
canot, accompagné de trois Hurons.
C'est miracle comme il ne fut apperceu,
& pris auec ses compagnons, les dix-
neuf Iroquois n'estoient pas seuls,on en
apperceut d'autres à six ou sept lieuës
au dessus,tirát vers le fort de Richelieu.

Vn mois apres qui fut le neufiesme de
Iuin, vne autre bande de quarente fist
son coup à Mont-Real, & aux enuirons,
ils estoient en embuscade à demy-lieuë,
au dessus de l'habitatió du Mót.Real dás
l'Isle mesme,à cent pas de la Riuiere,ils
y auoient dressé vn petit fort dés leur arriuee, qui fut peu de iours auparauant

de là ils guettoient les Hurons sur la Riuiere, & les François du Mont-Real,
sur terre, pour en surprendre quelques-
vns à l'escar, autour de l'habitation, tout
leur reüssit à souhait : car le susdit iour
neufiesme de Iuin, ils apperceurent soixante Hurons descendans dans treize
canots, sans Arquebuses, & sans armes:
mais tous chargez de pelteries, qui venoient au Mont-Real, & dela aux trois
Riuieres à leur traitte : ils portoient les
lettres de nos Peres des Hurons, & vne
copie de leur Relation. Les quarante
Hiroquois sortent du bois, se iettent dessus, les espouuentent de leurs Arquebuses, les mettent en fuitte, en prennent
vingt-trois prisōniers, auec leur canots,
& la pelterie : le reste se sauue, & tasche
de gagner l'habitation du Mont-Real.
Les Hiroquois ne s'arrestent pas là, ils
baillent leur vingt-trois prisonniers,
tous nuds à garder, a dix de leur camarades bien armez, & en enuoyent
dix autres se ietter sur cinq François,
qui trauailloient à vne charpente, à
deux cents pas de l'habitation, tandis
que les vingt qui restent, se presentent

deuant le fort, & y donnét vne fauſſe attaque, par vne deſcharge de plus de cent
coups d'arquebuſes : ce qui donna loiſir
aux autres dix de ſurprendre nos cinq
François, dont ils en aſſommerent trois,
à qui ils eſcorchent la teſte, & enleuent
les cheuelures, & amenent les deux autres captifs, puis ſe vont rejoindre à leur
compagnons, & tous enſemble ſe ren-
dent à leur fort, où les deux François furent liez & mis auec les Hurons captifs.
Les Hiroquois paſſerent la nuiſt à ſe
reſioüir de leur priſe, & en conſulter ce
qu'ils feroient. Le matin venu, ils ſe rüét
ſur les priſonniers Hurons, & en aſſommerent treize, quaſi ſans choix, ils en re-
ſeruent dix en vie, auec nos deux François, & puis s'en vont aux canots prendre des robes de Caſtor, ſans nombre, &
apres en auoir chargé tout ce qu'ils pouuoient, en laiſſent encor plus d'vne tren-
taine ſur la place, & paſſent ainſi la Riuiere, triomphans de ioye, & chargez de
riches deſpoüilles. Nos François de l'habitation les regardent trauerſer, ſans y
pouuoir apporter aucun remede. Huiſt
ou dix iours aprés vn des deux François

prisonniers se sauua à la fuitte, feignant
à son hoste d'aller chercher du bois, pour
faire la chaudiere, il rapporta que les
Iroquois ne leur auoient fait aucun mal
depuis leur prise, & ne les auoient tenus
liez que deux iours, qu'ils leur signifioiết
qu'ils auoient desia des François prisonniers, & que tous ensemble laboureroiết
la terre en leur pays. Au reste en ces rencontres & attaques, il ne faut pas parler
de sortir sur l'ennemy: car comme on ne
sçait pas leur venuë, ny leur nombre, &
qu'ils sont cachez dans les bois, où ils
sont duits à la course bien autremết que
nos François, les sorties ne seruiroient
qu'à souffrir de nouueaux massacres: car
d'ordinaire vne petite partie attaque, &
l'autre demeure en embuscade dans le
gros du bois.

Ceux des Hurons qui se peurent sau-
uer à la fuitte, arriuerent fil à fil, à l'habitation du Mont-Real, partie sur le soir,
partie le lendemain, tous nuds, & donnerent des nouuelles de leur funeste accident, apprenant aussi le nostre: on m'a
escrit du Mont-Real, que les cinq François qui ont esté pris ou tuez : comme

s'ils

s'ils euſſent preueu leur mort, s'y diſpo-
ſoient par des actes ſignalez de vertu, &
par la frequentation des Sacrements
dont ils s'eſtoient approchez , peu de
iours auparauant , & quelques-vns le
iour meſme de leur priſe.

Pendant que cette troupe de quarente,
eſtoient à Mont-Real, & y faiſoient ces
rauages, vne autre de pareil nombre
eſtoit dans le lac Sainct Pierre, au deſ-
ſous du fort de Richelieu, & le douzieſ-
me de Iuin ſe vint câper dans vn ancien
fort, faict il y a quatre ans par les Iroquois, à trois ou quatre lieues des trois
Riuieres, du coſté meſme de l'habitation. Ils auoient auec eux trois ou quatre
Hurons, pris l'an paſſé auec le Pere Iogues: entre leſquels eſtoient deux freres
de ce grand Ioſeph, par la Relation des
Hurons & par ſa vertu : tous deux s'eſ-
chaperent de la bande des Iroquois, &
s'en vinrent ſur le ſoir aux trois Riuieres, où de bonne fortune, ils trouuerent
le Pere de Brebeuf, à qui ils raconterent
force nouuelles. Que le P. Iogue eſtoit
encor en vie, que l'an paſſé apres ſa priſe, pouuant s'enfuyr, il ne le voulut pas

Q

faire, pour ne se separer pas des Hurons
captifs, qu'apres le combat : il baptisa
tous les prisonniers qui n'attendoiét que
la mort, & ne respiroient que le Ciel,
que sur le champ le Pere & les deux
François Cousture & René Goupil,
receurent plusieurs coups de poing, &
coups de baston : mais que le pire
traictement qu'on leur fist, fut à la rencontre de deux cents cinquâte Iroquois,
qui retournoient de leur attaque de Richelieu, où ils perdirent cinq de leur
gents, & plusieurs furent blessez. On ne
les lia pas pourtant par les chemins qu'à
leur entrée dans le village, qu'on les mist
tous en chemise & on leur fist plusieurs
affronts & outrages, qu'on leur arracha
la barbe, qu'on leur enleua les ongles,
leur bruslant apres les bouts des doigts
dans des calumets tous rouges de feu,
qu'on couppa le poulce gauche au
Pere Ioque, qu'on luy escrasa auec les
dents, l'index de la main droitte, dont
pourtant il se sert vn peu à present;
qu'ils donnerent la vie à tous les Hurons, excepté à deux qui furent bruslez ; que la petite Therese Seminariste

des Vrſulines eſtoit fort recherchee en
mariage, qu'elle auoit demeuré prés de
ſon oncle nommé Ioſeph, qui eſt celuy qui s'eſtant eſchappé, racontoit toutes ces nouuelles au Pere de Brebeuf,
que René Goupil ſe promenant pres du
village auec le Pere Iogues, & priát Dieu
tous deux enſemble, fut aſſommé d'vn
coup de hache par vn Iroquois, qui venoit d'apprendre la mort de quelques-
vns des ſiens tuez, au Fort de Richelieu, Que le Pere Iogue voyant tomber René à ſes pieds, ſe miſt à genoux, & preſenta ſa teſte à l'Iroquois,
qui ſe contenta d'en auoir tué vn, que
Guillaume Couſture dans le combat
ne voulut pas s'enfuyr, ny ſe ſeparer
d'auec le Pere, que le Pere a demeuré tout l'hyuer, en la cabane d'vn Capitaine Iroquois, ſans auoir eſté
donné à perſonne, apres la priſe contre leur couſtume; & qu'ainſi il leur
eſt touſiours libre de le faire mourir, qu'il a paſſé l'hyuer auec vn ſeul
capot rouge pour tout habit, ayant
neantmoins liberté d'aller aux trois
Villages, conſoler & enſeigner

les Hurons & les captifs, que les Iroquois ne l'entendoient pas volontiers
parler de Dieu, que Cousture a eu le pied
gelé de froid, que deux Hollandois dốt
l'vn estoit monté à cheual ; estoient venus au village, où estoit le pere Iogues,
& auoient tasché de le rachepter : mais
que les Iroquois n'auoient voulu y entendre, qu'vn des Iroquois de cette
bande auoit esté chargé d'vne grande
lettre par le pere Iogues, pour nous
donner ; que les Iroquois parloient de
les ramener : mais que luy ny les autres
n'en croyoient rien.

Voicy ce que Ioseph racontoit de soy
mesme : ie priois Dieu continuellement
disoit-il, au Pere Brebeuf, mes doigts me
seruoiết de chappelet que ie parcourois
tous les iours, ie faisois mon examen, &
confessois mes pechez à Dieu, comme
quand ie me confesse à vous autres, ie
m'entretenois sans cesse auec Dieu, &
luy parlois en mon cœur comme si nous
eussions esté deux, qui eussent parlé ensemble, & ainsi ie ne m'ennuyois point,
si quelquefois on me donnoit à faire festin, ie le faisois sans aucune ceremonie,

& les Iroquois me laiſſoient faire. Ie
connois bien que Dieu m'a ſauué la vie:
car ayant eſté donné à des gẽts qui n'a-
uoient pas aſſez de moyens pour me ſauuer la vie, donnant des preſents ſelon
noſtre couſtume, il fiſt qu'ils ne m'accepterent pas, & que ie fus pour la ſeconde fois donné à vn autre qui auoit le
moyen & la volonté de me deliurer de
la mort. Si toſt que ie penſois auoir peché, i'allois trouuer le Pere Iogues pour
m'en confeſſer. Pour ce qui eſt du Pere,
diſoit-il, il fait ſes prieres tout ouuerte-
ment: mais pour nous il nous diſoit que
nous priaſſions tous bas, que les Iroquois n'auoiẽt pas encore de l'eſprit. Le
Pere, adiouſtoit-il, leur parle de Dieu:
mais ils ne l'eſcoutent pas, il n'a qu'vn
petit liure de prieres & Couſture l'autre,
Il adiouſta encor qu'il auoit eſté deux
fois à l'habitation des Flamands, & ſon
frere quatre fois, d'où il racontoit beaucoup de choſes de leur traittes, maiſons
&c. Mais ce qu'il auoit remarqué ſur
tout, c'eſt que comme on luy eut donné
à manger, & qu'il eut fait le ſigne de la
Croix, vn Hollandois luy diſt que cela

n'estoit pas bien : & en effect, dist-il, ils ne le font pas comme vous , ils petunent & boiuent sans cesse , i'attendois dit-il , au soir qu'ils allassent prier Dieu ensemble, comme vous faictes : mais il n'y venoient point ; voila ce que Ioseph raconte.

Reuenons à la bande de nos Iroquois d'où il s'estoit eschappé auec son frere , & vn autre troisiesme qui arriua peu apres, les Iroquois ne voyant plus les trois Hurons, & ce doutants de ce qui estoit, qu'ils s'estoiét retirez aux trois riuieres, creurét estre descouuerts & s'en retournerent en leur pays : mais en mesme temps d'autres leur succederent dans le mesme lac S. Pierre au dessus des trois riuieres : en sorte que les Hurons qui s'estoient sauuez à Mont-real, & qui descédoient aux 3. riuieres, furét derechef rencótrez & poursuiuis : mais il pleust à Dieu les deliurer quoy qu'auec des peines infinies : car là plus part quittant leurs canots, se ietterent dans les bois, & vinrét tous nuds aux trois riuieres par des chemins effroyables : quelques autres Hurons captifs des années precedentes qui

estoient auec ces dernieres bandes d'I-
roquois, s'eschapperent & vinrent aux
trois riuieres, & confirmerent tout ce
que leurs compagnons auoient dit, nommément qu'on parloit dans le pays, d'a-
mener le Pere Iogues, & le rendre aux
François : mais comme on cognoist la
perfidie des Iroquois , personne n'en
croyoit rien. Monsieur le Gouuerneur
pourtant qui souhaittoit la deliurance du
Pere, & la paix, si elle estoit raisonnable,
equippa quatre chalouppes, & s'en alla
preparé pour la guerre ou la paix, aux
trois riuieres ; & de là au Fort de Richelieu pour voir si les Iroquois se presente-
roient ou sur la riuiere ou deuant les habitations: mais rien ne parut, si tost qu'ils
apperceuoient les chalouppes , ils entroient plus auant dans les bois, & les
chalouppes passées, ils retournoient sur
le bord de l'eau, guettoient les Algonquins & Hurons. Monsieur le Gouuerneur mettoit souuent pied à terre pour
remarquer leur trace, & voir s'il en ren-
contreroit quelque trouppe dans leurs
Forts accoustumez, pour les y attaquer.
A deux lieues au dessus de Riche-lieu,

il trouua vn chemin fait de nouueau dãs
le bois qui tenoit enuiron deux lieuës,
par où les Iroquois trauerſoient & coup-
poient vne pointe de terre pour venir
de leur riuiere dans celle de S. Laurens,
portants leur canots & bagage ſur leurs
eſpaules, & ne point paſſer deuant le
Fort de Riche-lieu. Si Monſieur le Gouuerneur euſt eu les ſoldats qu'il eſperoit
de France, il euſt ſans doubte donnê
iuſques dedans le pays des Iroquois,
auec 200. ou 300. Algonquins & Montagnets qui s'offroient à luy faire compagnie, & ie croy que c'euſt eſté auec
vn tres bon effect, & qu'il euſt côtrainct
ces Barbares orgueilleux à vne paix
honneſte, ou les euſt entierement dom-
tez. Il ne faut pas que ce que i'ay dit
cy-deſſus, donne de la terreur extraordinaire : quand les Iroquois ont rencontré
de la reſiſtance, ils ont laſché le pied
auſſi toſt, ou pluſtoſt que les autres. Les
Algonquins eſtant en nombre raiſon-
nable les ont faict ſouuent trembler &
fuyr. Reuenons à leurs courſes de cette
année, nonobſtant leſquelles les Algonquins ne laiſſoient pas d'aller à la chaſſe,

ils ne peuuent se passer de ces exercices
sans mourir de faim, la terre ne leur dô-
ne pas encore assez, il vaut autant, disent-ils, mourir de la main ou du fer des
Iroquois, que d'vne cruelle faim. Le 30.
Iuillet sept ieunes Algonquins allerent
à la chasse vers Mont-real, ils estoient
quasi tous Chrestiens, ils rencontrerent
deux canots Iroquois, l'vn desquels, où
il y auoit douze hommes, courut incontinent sur eux : ces bons ieunes hommes
ne s'espouuanterent point ; le Pere le
Ieune leur auoit dit en partant, si vous
fuyez la mort, vous la trouuerez, si vous
la cherchez, elle vous fuyra; recomman-
dez-vous à Dieu si vous rencontrés les
ennemis : ils se seruent de ce conseil, ils
prient Dieu feruemment en leur cœur,
& nagent droit tant qu'ils peurent vers
les Iroquois qui deschargent sur eux, dix
ou douze coups d'arquebuze, sans autre
effect que de percer vn canot & blesser
vn Algonquin par le pied; les Algonquins s'aduancent tousiours & deschargent deux ou trois arquebuses qu'ils
auoient, & renuersent deux Iroquois
blessez à mort dans leur canot, & les

contraignent de se mettre tous à terre, &
de se retirer, si ces Ieunes Algonquins
eussent eu de la pouldre pour continuer
& poursuiure dauantage, ils eussent tué
la pluspart de la bande, mais nous auons
tousiours eu peur d'armer trop les Sauuages ; pleust à Dieu que les Holandois
eussent fait le mesme, & ne nous eussent pas forcez à donner des armes
mesmes à nos Chrestiens : car iusques à
present on n'en a traitté qu'à ceux-là.

Le 15. d'Aoust vingt Algonquins partirent des trois riuieres, pour aller à la
chasse vers Richelieu, estant dans le lac
de S. Pierre, à sept ou huict licuës de
l'habitation, à l'embouchcure d'vne riuiere appellée sainct François, ils se diuiserent en deux bandes pour chasser
mieux, l'vne qui estoit composée de
douze, rencontre incontinent vingt Iroquois bien armés, les voila aux prises,
premierement auec les arquebuses, les
Iroquois en auoient au double, puis auec
l'espée, enfin auec le cousteau : quelques-
vns de part & d'autre sont tuez, les Algonquins se voyants plus foibles, prennent la fuitte : trois auec vn Huron qui se

trouua en leur compagnie, sont faits prisonniers, ils en bruslerent vn, Dieu fist la
grace à 2. autres qui estoient Chrestiens
de s'eschapper, ils nous rapporterent que
les Iroquois estoient quasi tous blessez,
& quelques vns à mort, à mesme temps
que cela se passoit dans le lac de S. Pierre,
il y auoit 2. autres trouppes d'Iroquois
qui rodoiët autour du Fort de Riche-lieu
ils auoient auec eux vn Huron captif,
mais Iroquois d'affection, celuy cy se
mist seul dãs vn canot, & s'aduança vers
le Fort, & demanda à parler: on le reçoit,
on le fait entrer, on luy demãde qui il est
& ce qui l'ameine, il respond qu'il est Iroquois, & qu'il veut traitter de paix pour
luy & pour ses compagnons, il presente
quelques castors à cet effect: on luy demande s'il a nouuelle du Pere Iogues, il
tire vne lettre de sa part & la presente,
puis demande à s'en retourner, on luy
dit que la lettre s'addresse à Mr. le Gou-
uern. qui est à Kebec, ou aux 3. riuieres,
&qu'il faut qu'il attéde respõce, il demãde qu'õ tire vn coup de canõ, ce qu'õ fist
& incõtinẽt ses camarades paroissent en
3. ou 4. canots: ils nagent tousiours pour

venir vers le Fort, on leur crie qu'il^s s'arreſtêt par trois ou quatre fois; à quoy n'obeyſſant point, on tire ſur eux: ce qui les contraignit de ſe mettre à terre, & s'enfuyr dans les bois abandonnants leur canots & bagage, on ne ſçait point s'ils ont eſté tués ou bleſſés.

Peu de iours apres, vne trouppe d'enuiron 100. Iroquois parut au meſme lieu dans vnze grãds canots, ils auoient paſſé au deſſus Mont-real, y eſtoient demeurez pluſieurs iours en embuſches, s'eſtoient preſentez deuant l'habitation, & ſoubs couleur de quelque ſigne de paix, auoient taſché d'attirer prés d'eux quelques Algonquins de la nation d'Iroquet, qu'on auoit enuoyé parlementer de loing, ſur leſquels ils deſchargerent en trahiſon plus de cent coups d'arquebuſe: mais graces à Dieu ſans effect, ils eſtoient depuis deſcendus à Richelieu où ſe voyans deſcouuerts, ils ſe retirerent. Voicy la coppie de la lettre du Pere Iogues eſcrite des Iroquois, que ce Huron dont i'ay parlé, apporta & dõna à Monſieur de Champ-flour: elle s'addreſſe à Monſieur le Gouuerneur, c'est vn grand dommage que les trois autres qu'il nous escriuoient auparauant ont esté perduës.

Monsieur, voicy la 4. que i'escris depuis que ie suis aux Iroquois. Le temps & le papier me manquent, pour repeter icy ce que ie vous ay desia mandé tout au long, Cousture & moy viuons encor. Henry (c'est vn de ces deux ieunes hommes qui furent pris à Mont-real) fut amené la veille de sainct Iean, il ne fut pas chargé de coups de baston à l'entrée du village comme nous, ny n'a point eu les doigts couppez cóme nous; il vit & tous les Hurós amenez auec luy dans le pays; soyez sur vos gardes par tout, tousiours nouuelles trouppes partent, & faut se persuader que iusques dás l'Automne, la riuiere n'est sans ennemis, il y a icy pres de trois cents arquebuses, sept cent Iroquois : ils sont adroits à les manier, ils peuuét arriuer aux trois riuières par diuers fleuues, le Fort de Richelieu leur donne vn peu plus de peine, mais ne les empesche pas tout à faict. Les Iroquois disent que si ceux qui ont pris & tué les François à Mont-real,

euſſent ſceu ce que vous auez faict en
retirant le Sokokiois que vous auez deliuré des mains des Algonquins, ils
n'euſſent pas faict cela, ils eſtoient partis au milieu de l'hyuer, & deuant que
la nouuelle en vint : Neantmoins tout
fraiſchement il eſt party vne trouppe,
& l'homme de Mathurin (le Pere Brebeuf le cognoiſt bien) y eſt, & conduit
la bande comme à noſtre priſe de l'an
paſſé. Cette trouppe deſire & a deſſein
de prendre des François, auſſi bien
que des Algonquins. Que noſtre conſideration n'empeſche de faire ce qui
eſt à la gloire de Dieu. Le deſſein des
Iroquois autant que ie peux voir, eſt de
prendre s'ils peuuent tous les Hurons,
& ayant mis à mort les plus conſiderables, & vne bonne partie des autres, ne
faire des deux qu'vn ſeul peuple & vne
ſeule terre. I'ay vne grande compaſſion de ces pauures gents, dont pluſieurs ſont Chreſtiẽs, les autres Catecumenes, & diſpoſez au bapteſme : quand
eſt-ce qu'on apportera remede à ces
mal-heurs ? quand ils ſeront tous pris?
I'ay receu pluſieurs lettres des Hurons

auec la Relation prife auprés de Mont-
real. Les Hollandois nous ont voulu
retirer : mais en vain : ils tafchent de le
faire encor à prefent, mais ce fera encor comme ie croy auec la mefme iffuë.
Ie me confirme de plus en plus à demeurer icy tant qu'il plaira à Noftre
Seigneur, & ne m'en aller point, quand
mefme l'occafion s'en prefenteroit.
Ma prefence confole les François Hurons & Algonquins. I'ay baptifé plus
de foixante perfonnes , plufieurs defquels font arriuez au Ciel. C'eft la
mon vnique confolation & la volonté de Dieu , à laquelle tres volontiers
ie conioicts la mienne. Ie vous fup-
plie de recommander qu'on faffe des
prieres , & qu'on dife des meffes pour
nous, & fur tout pour celuy qui defire
eftre à iamais.

    MONSIEVR,
    Voftre tres-humble feruiteur Ifaac
      Iogues de la Compagnie de
      IESVS.

    Du village des Iroquois le 30.
          Iuin 1643.

Cette lettre a plus de suc que de parolles, la tiffure en eft excellente quoy
que la main qui en a formé les characte-
res, foit toute dechirée, elle eft compo-
fée d'vn ftile plus fublime que celuy qui
fort des plus pompeufes écoles de la
Rhetorique: mais pour mieux cognoiftre les richeffes de celuy qui la tracées,
il en faut confiderer la pauureté. Quelques Hurons faits prifonniers auec ce
bon Pere, s'eftans fauués ce prin-temps
dernier des mains des Iroquois, nous
ont fait conceuoir la riche liberté de ce
pauure captif, & nous voulans depein-
dre les baffeffes où les hommes l'ont ietté, nous ont donné vne belle idée de fes
grandeurs. Les Iroquois l'ayant pris
le 2. iour d'Aouft 1642. le traifnerent en
leur pays auec des cris & des huées de
Demons, qui emportent leur proye, il
fut falué de cent baftonnades à l'entrée
de la Bourgade, où il fut premierement
conduit: il n'y eut fils de bonne mere qui
ne iettaft la patte ou la griffe fur cette
pauure victime: les vns le frappoient à
grands coups de cordes, d'autres à
coups de baftons, les vns luy tiroient &
emportoient

emportoient les cheueux de la teſte, les
autres par deriſió luy arrachoient le poil
de la barbe : vne femme, ou plutoſt vne
Megere, luy prend le bras & luy couppe,
ou plutoſt luy ſcie auec vn couſteau, le
poulce de la main gauche : elle fait vn
cerne & s'en va rechercher la iointure,
auec moins d'induſtrie : mais auec plus
de cruauté qu'vn boucher n'en exerçoit
ſur vne beſte morte : bref elle luy deſ-
charne & enleue tout le gros du poulce,
vn autre luy mord vn des doigts de la
main droite, offence l'os, & rend ce pauure doigt perclus & inutil, d'autres luy
arrachent les ongles, puis mettent du feu
ſur l'extremité de ces pauures doigts,
deſpoüillés, pour rendre le martyre plus
ſenſible. A tous ces maux le pauure Pere
n'euſt point d'autre Medecin, ny d'autre
Chirurgien, que la patience, point d'autre vnguent que la douleur, point d'autre
enueloppe que l'air, qui enuironnoit ſes
playes : ce n'eſt pas tout, ces Barbares luy
arrachent ſa ſoutane, ils le deſpoüillét, &
pour couurir ſa nudité, luy iettent vn
bout d'vne vieille peau, chargée de ſale-
té & de puanteur, il s'en couure la moi-

R

tié du corps, il a les pieds & les iambes
nuës, les bras nuds, la teste nuë: il a pour
maison des écorces, la terre est son lit, &
son matelas; le bout d'vne peau ou d'vn
capot qui luy sert de robe, pédant le iour,
luy sert encor de couuerture pendant la
nuict; son viure n'est pour l'ordinaire cõ-
posé que d'vn peu de farine de bled d'Inde
boüillie dãs l'eau sans sel; ses oreilles sõt
battuës de mille gausseries, de mille bro-
cards, & de mille iniures, que ces Barbares vomissent contre les François, & cõ-
tre les Sauuages Chrestiens, & contre
nos alliez. Prens courage, mon nepueu,
luy dira vn Capitaine, en se gaussant, ne
t'afflige point, tu verras biē tost icy quelques-vns de tes freres, qui te viendront
tenir compagnie. Nos guerriers ont enuie de manger de la chair des François,
tu en pourras gouster auec nous: voila
comme on nous a depeint ce Martyr
viuant, ce Cõfesseur souffrant, cét homme riche dãs l'extreme pauureté, ioyeux
& content dans le pays des douleurs, &
de la tristesse: en vn mot ce Iesuitte vestu
à la Sauuage, ou plutost à la sainct Iean
Baptiste: ruminons ie vous prie ces pa-

roles: *Que noſtre conſideration (dit-il) n'em-*
peſche point de faire ce qui eſt à la gloire de
Dieu. C'eſt à dire, n'ayez point d'eſgard
à ma vie, regardez moy, comme vn hô-
me deſia mort : ie ſçay bien que ſi vous
traitez mal les Iroquois, ie ſuis maſſacré, ie ne me conte plus entre les vi-
uans, ma vie eſt à Dieu, faites tout ce que
vous iugerez de plus à propos, pour ſa
gloire. Que Ieſus-Chriſt eſt puiſſant dãs
vn bon cœur ! ſa bonté ne ſe laiſſe pas
vaincre, elle fait gloire de triompher
dans le plus grand abandon. *Ie me confir-*
me de plus en plus (adiouſte-il) *à demeurer*
icy, tant qu'il plaira à noſtre Seigneur, & à ne
m'en point aller, quand meſme l'occaſion s'en
preſenteroit : Que cette generoſité eſt
agréable à Dieu ! cét homme dont tous
les ſens n'ont que des obiets de douleur,
dit qu'il ne ſe ſauueroit pas quand il le
pourroit faire. *Ma preſence* (pourſuit-il)
conſole les François, les Hurons & les Al-
gonquins. Il y a deux François captifs
auec ce bon Pere, quantité de Hurons, &
quantité d'Algonquins, dont quelques-
vns ſont Chreſtiens, & les autres ont enuie de l'eſtre : voudriez-vous bien que cō

cœur plein de feu, que ce Pasteur plein
d'amour abandonnast ses oüailles: certes il n'est point larron, ny mercenaire:
pour commettre vne si grande perfidie,
encore que ces paroles nous ayent tiré
les larmes des yeux, elles n'ont pas laissé
d'augmenter la ioye de nostre cœur: il y
en a qui luy porte plus d'enuie que de
compassion, quitter les creatures pour
Dieu, ce n'est pas vn mauuais change.
I'ay Baptisé plus de soixante personnes. Nous
croyons que ce sont des Hurons, & des
Algonquins ses concaptifs, & peut-estre
encore quelques petits enfans Iroquois
mourans, qui prient Dieu dans les cieux,
pour leurs parens, *c'est là mon vnique con-*
solation, & la volonté de Dieu, à laquelle tres
volontiers ie conioints la mienne. Voicy de
riches paroles! mais encore qui pourroit
consoler ce pauure Pere, sinon celuy qui
luy est resté seul, & que tout l'Vniuers ne
luy sçauroit rauir! Les deux François qui
sont auec le Pere, nous donnent de l'e-
stonnement, celuy notamment qui se
nomme Guillaume Cousture: ce ieune homme se pouuoit sauuer: mais la
pensee luy en estant venuë, non, dit-il, ie

veux mourir auec le Pere, ie ne le sçaurois abandonner, ie souffriray volontiers le feu & la rage de ces tygres,
pour l'amour de Iesus-Christ, en la compagnie de mon bon Pere, c'est parler en
homme vrayement fidelle, aussi ne s'e-
stoit-il pas ietté dans ces dangers, pour
aucune consideration temporelle. La
lettre porte qu'il estoit party des Iroquois, vne troupe conduite par l'homme de Mathurin, c'est à dire par vn Huron pris des Iroquois, & qui a perdu l'affection de son pays, & de ses compatriotes, ausquels il fait la guerre maintenant,
comme il sçait les endroits où ils doiuét
passer, il les va attendre & surprendre au
passage, ce fut ce miserable renié, qui
deffit les Hurons, auec lesquels le Pere
se rencontra, on l'appelle l'homme de
Mathurin, pour ce qu'il ramena des Hurons, deuant qu'il fut pris des Iroquois,
vn braue ieune homme qui portoit ce
nom, lequel apres s'estre bien comporté
auec nos Peres, en ce bout du monde, est
repassé en France, pour se donner à Dieu,
dans le sainct Ordre des Reuerends Peres Capucins, où il a fait profession.

R iij

Au reste cette lettre estoit escrite partie en François, partie en Latin, partie en langue Sauuage, afin que si elle tomboit entre les mains de quelque autre, que de celuy auquel elle s'adressoit, il ne pût aisément descouurir les bons aduis que le Pere nous donne.

Monsieur le Gouuerneur qui estoit aux trois Riuieres, fist responce à la lettre du Pere Iogues, ie luy escriuis aussi bien au long, & enuoyay le Pere Brebeuf à Richelieu, pour conferer auec ce Huron sur son retour aux Iroquois: mais le pauure homme nous mitt en vne nouuelle peine bien grande: car craignant que les Iroquois dans le pays ne le prissent pour espion, & pour auoir quelque intelligence auec nous, il declara tout net, qu'il ne retourneroit plus aux Iroquois: mais aux Hurons: & n'y eust moyen de luy persuader autre chose: si bien que nous demeurasmes priuez de cette consolation, & le Pere Iogues encore plus que nous n'ayant aucune responce, ny nouuelle de nostre pays, & peut-estre en dan-

ger d'estre mis à mort, sur le soupçon
que les Barbares auront, qu'on aura
fait quelque mal au Huron captif, qui
estoit de leur bande. I'espere pourtant
que nostre bon Dieu qui l'a conserué iusques icy, continuera ses misericordes, &
se seruira de la vertu de ce Pere, pour le
salut de ces peuples, & pour quelque
bon effect, que sa diuine prouidence
cognoist.

CHAPITRE XIII.

De quelques remarques, touchant les Hurons.

E Chapitre precedēt nous
donne la conclusion des
choses plus memorables,
qui se sont passee de-
puis Tadoussac, iusques
à Mont-Real, il falloit maintenant parler des Nations plus hautes: mais les Iroquois nous ayans rauy la Relation & les
lettres que nos Peres, qui sont en ces

contrees plus eloignees, eſcriuoient aux
perſonnes qui les honorent de leur amitié, & de leur ſecours, nous ayans dis-ie
enleué ce petit treſor, nous ont côtraint
de garder le ſilence, neantmoins quelques François, & quelques Sauuages de
nos alliez, marchants par apres ſur les
briſees de ces Barbares, nos ennemis ont
recueilly quelques papiers qu'ils auoiét
iettez dans les bois, ou qui leur eſtoient
eſchappez des mains, & nous les ayans
fait tenir en France, nous en auons recueilly ce qui ſuit, pour conſoler ceux
qui s'intereſſent auec tant d'amour en la
conuerſion de ces pauures peuples, &
pour leur donner vne petite cognoiſſance de ce que noſtre Seigneur va operant
dans cette extremité du monde.

*Ie ne ſçay (dit l'vn de ceux dont les let-
tres ſont venuës iuſques à nous) à quoy
ſeruiroit de m'eſtendre ſur la conſideration de
ce que Dieu a permis nous eſtre arriué: cela
eſt inconceuable à ceux qui ne ſont pas ſur les
lieux: car pour ne parler point du Pere Iogues,
Ie vous diray que les deux François qui l'accompagnoient, nômez Guillaume Couſture,
& René Goupil, qui ont eſté pris auec le Pere.*

par les Iroquois, estoient deux ieunes hommes incomparables en leur genre, & tres-propres pour ces pays-cy. Et si la flotte de Hurons Chrestiës, & des Catechumenes qu'ils accompagnoient, & qui a esté prise & defaite à mesme tëps, fut arriuée saine & sauue, comme nous l'attendions, la conuersion du pays sembloit presque infaillible, ce sont des secrets que nous ne verrons que dans l'eternité. Croyriez vous bien neantmoins, que iamais nous n'auons pris plus de courage, tant pour le spirituel, que pour le temporel. La Relation vous en fera voir les particularitez: Si on pouuoit remedier aux courses des Iroquois, & les contraindre à vne bonne paix: nous verrions en peu de temps de notables progrez, en ces contrees, pour le Christianisme: c'est où ie ne voy goutte, si ce n'est par des voyes, qui approchent du miracle, si bien qu'il nous faut ietter les yeux vers le Ciel, pour attendre les arrests de la diuine prouidence, & ce qu'il en plaira à ceux de qui la chose depend.

Le Pere qui nous parle en ces termes, sçauoit bien le desastre qui estoit arriué l'annee precedente, à la flotte des pauures Hurons: mais il ne pouuoit pas préuoir que ses lettres passe-

roit par les mains des Iroquois, que la
Relation qu'il nous enuoyoit, seroit ra-
uie, que tous les Hurons qui descendoiét
seroient les vns massacrez, les autres me-
nez prisonniers dans le pays des Iroquois, & les autres poursuiuis & despoüil-
lez iusques à la chair. *Iamais (dit-il) nous*
n'auons pris plus de courage, tant pour le spiri-
tuel que pour le temporel. Ie n'entends que
la moitié de ces paroles : ie conçois fort
bien ce redoublement de cœur & d'esprit, qui fait trouuer la ioye au milieu des
angoisses, & la paix dans l'ardeur de la
guerre: ie sçay bien que Dieu ne se laisse
pas vaincre, & que i'aymerois mieux
estre secouru de luy tout seul, que de toutes les creatures ensemble: ce qui se passe dans l'abandon, se peut bien sentir:
mais la langue n'a pas de parole pour
l'exprimer: les ioyes interieures sont plutost des ioyes de l'esprit que du corps. Ie
n'entends pas comme ces pauures Peres
peuuent prendre courage, pour le temporel, puis que tout ce que le Pere Iogues leur portoit, fut enleué auec luy,
par les Iroquois, & que tout ce qu'on leur
enuoyoit cette annee, a esté pris & pillé

sar les mesmes. Quel courage peuuent-
ils auoir dans le temporel qui leur manque? Ie sçay bien que leur resolution est
de tenir ferme iusques au bout, & d'aller
plutost nuds, comme le Pere Iogues, que
de lascher pied: ils ont desia quelque
rapport auec luy: car leur maison pour la
pluspart du temps n'est bastie que d'escorces, & leur viure n'est pour l'ordinaire que de la boüillie de farine de bled
d'Inde, cuitte dans l'eau, sans sel, & sans
autre ragoust que l'appetit: certes ie ne
voy pas quel plaisir temporel ils puissent
prendre dans ce traitement: mais ie vous
confesse & vous donne parole, que l'ac-
croissement de l'esprit recompense bien
les deffauts que souffre le corps, & que
Dieu opere plus parfaitement, & plus
doucement par soy-mesme, que quand
il se sert de ses creatures, poursuiuons
nos lettres.

Nos Catalogues vous feront voir nos be-
soins: ce que ie demande plus particulierement
est qu'on nous enuoye de braues ouuriers, pour
auancer l'ouurage que nous auons en main, &
pour succeder auec le temps à ceux que l'aage,
& les accidents de cette vie peuuent rendre
moins vtils.

Il faut que ie dife en paffant que le corps eft limité: mais que l'efprit ne l'eft pas: celuy qui a couché ces lignes fçait bien ce qu'on fouffre, pour le peu de fecours qu'on a dans ce bout du monde, & cependant il demande encore des compagnons de fon courage, & de fa ioye: car les trauaux pris pour Iefus-Chrift portent ces fruicts. Paffons outre.

Tandis que la Riuiere fera affiegee de toutes parts par les Iroquois: i'auray bien de la peine d'enuoyer de nos Peres à Kebec, de peur de les expofer aux prifes de l'ennemy: perdre vn ouurier tout fait, & tout formé pour ces contrees: c'eft perdre vn precieux trefor: & fi mefme encor no° pouuós nous difpéfer de faire defcendre quelques-vns de nos hommes là-bas, nous le ferons, que s'il n'eft pas en noftre pouuoir, il les faudra facrifier auffi bien en defcédant qu'on fait en montant: car de pouuoir fubfifter icy fans fecours d'hommes, il feroit toft ou tard impoffible.

Les Iroquois fe font tellement refpandus fur le grand fleuue de S. Laurent, & fur la Riuiere des prairies, qu'il n'y a point d'affurance depuis le lac de S. Pierre, qui eft vn peu au deffus des trois Ri-

uieres iusques bien loing au delà de
Mont-Real : ces Barbares se cachent,
tantost en vn endroict, tantost en
l'autre se iettans à l'improuiste sur les
François, sur les Hurons, & sur les Algonquins, quand ils voyent leur auantage : si bien qu'on n'oseroit quasi nauiger
tout l'Esté sur ces beaux fleuues, si on ne
fait des Carauanes, comme dans l'Ara-
bie, ce que nous ne pouuons pas faire
pour nostre petit nombre.

*Pour nos missions dans les Bourgades des
Hurons: nous les auons continuees à l'ordinaire: nous ne fusmes iamais si heureux, ny iamais
si malheureux: la prise du Pere Iogues, de nos
François, & de nos Hurons Chrestiens, & de
nos Catechumenes nous fait ressentir nos mal-
heurs, & ce qui s'est passé cette annee, pour
l'amplification de la foy, publie dans la Relation nostre felicité; Nous entrons de plus en
plus dans la possession des biens, que nous venons acheter en ce bout du monde, au prix de
nostre sang & de nos vies: Ie voy de plus
grandes dispositions que iamais, à la conuersion totale de ces peuples, que nous attaquons
des premiers, & que nous entreprenons d'em-
porter, pour seruir de modele, & d'exemple*

à ceux qui se conuertiront par apres. En vn
mot nos petites Eglises vont tousiours croif-
fant en nombre de personnes, & en vertu. Les
affaires de nostre Seigneur s'auancent, à proportion des disgraces qu'il nous enuoye, à peine se rencontroit-il cy-deuant parmy nos Chrestiens deux ou trois guerriers : mais depuis la
prise de ce braue Neophyte, nommé Eustache
le plus vaillant de tous les Hurons, nous auõs
compté en vne seule bande, iusques à vingt-
deux Croyans, tous hommes de cœur, la pluspart Capitaines ou gens de consideration. L'v-
sage des arquebuses refusé aux Infideles, par
Monsieur le Gouuerneur, & accordé aux
Neophytes Chrestiens est vn puissant attrait,
pour les gaigner : il semble que nostre Seigneur
se vueille seruir de ce moyẽ, pour rẽdre le Christianisme recommandable en ces contrees.

Vne autre lettre parle en ces termes.

Dieu nous console fortement par l'auancement du spirituel, qui est le seul attrait, qui
nous amene icy. La foy fait vn progrez notable parmy les Hurons : on auroit de la peine de
croire qu'il se rencontre tant de solidité, tant
d'innocence, & tant de tendresse en des cœurs
Sauuages, si la verité ne nous enseignoit que
Dieu a des bontez, & des misericordes, aussi

bien pour les Sauuages, que pour les autres
nations de la terre. Il a ietté les yeux cette annee, sur les Nipisiriniens par le Baptesme so-
lemnel de quelques-vns plus auancez en aage,
Outre quelques petits enfans, à qui ces eaux
sacrees ont ouuert les portes du Ciel.

Ne passons pas s'il vous plaist lege-
rement, les yeux sur ces fragments de
lettres, tout n'est pas ruiné, puis que nous
ne perdons que l'accessoire, & que le
principal demeure en son entier. Trois
braues ouuriers sont morts quasi à mesme annee. Le Pere Charles Raimbaut,
qui auoit vn cœur plus grand que tout
son corps, quoy qu'il fut d'vne riche
taille, il meditoit le chemin de la Chine,
au trauers de nostre Barbarie, & Dieu l'a
mis dans le chemin du Ciel, le Pere Iean
Dolbeau, que la paralysie auoit attaqué
dans les trauaux, le nauire qui le repor-
toit en France, ayant esté pris par trois
fregates ennemies: côme les vainqueurs
le pilloient, on laissa tomber du feu dedans les poudres, qui firent voler dans la
mer nos amis, & nos ennemis. Le pauure Pere fut noyé dans la mer; bien-
heureux d'auoir donné sa vie dans vn si

genereux employ, & d'auoir passé par le
feu, & par l'eau, pour entrer dans vn
repos, & dans vn rafraichissement eternel : il menoit vne vie saincte dans les
grandes forests, & maintenant il ioüit de
la gloire des Saincts, dans ces demeures
eternelles. Le Pere Ambroise Dauost
repassant pour son aage, & pour la foiblesse de son corps, estant bien souuent
attaqué du scurbut, a esté emporté sur la
mer d'vne fiévre, qui ne la point quitté
iusques à ce qu'il ait esté enseuely dans
les ondes : il estoit tousiours auec Dieu,
pendant sa vie. Il auoit vne patience de
fer, ou plutost vne patience toute d'or,
ou vne patience de Iob, & en sa vie, & en
sa maladie, & en sa mort: la rigueur de la
fiévre, les incommoditez du vaisseau, le
deffaut de Chirurgien, de Medecin & de
remedes, & des autres soulagemens qui
se trouuét en terre, & qu'il n'a point rencontré dans son nauire, les douleurs
qu'on souffre en ces extremitez, ne luy
ont iamais ouuert la bouche, ny delié la
langue pour se plaindre, il estoit accoustumé à suiure plutost les volontez
& les inclinations des autres que les
siennes.

siennes: il auoit vne si grande habitude à
prendre la conduite de Dieu, & à receuoir de sa main, tout ce qui luy arriuoit,
que iamais il ne demanda rien en toute
la maladie, & iamais aussi ne refusa rien
de tout ce qu'on luy vouloit faire prendre, & iamais n'escõduisit personne de ce
qu'on desira qu'il fist : ces vertus ne font
pas communes. Outre la mort de ces
trois personnes d'elite, la prise & les mauuais traitemens qu'on a fait au Pere Isaac
Iogues, & à trois de nos François, dont
l'vn a esté assommé par les Iroquois ; la
deffaite des Chrestiens & des Cathecumenes Hurons, le vol qu'on a fait de
tout ce qu'on enuoyoit l'an passé, & encore cette année aux pauures ouuriers
Euangeliques, qui sont és nations plus
hautes, les hazards, les perils, les embusches, où ces braues Athletes se iettent
tous les iours, les morts continuelles ne
sont que l'accessoire, le principal est que
Dieu soit cognu, qu'il soit aimé, que la
foy se plante, & s'amplifie : c'est la parole, ou la pierre precieuse, pour laquelle
il faut vendre, donner, prodiguer sa vie
& son sang : ceux-là sont bien-heureux

S

qui font ce riche acqueſt à ſi bon prix!

Puis que ie ſuis en train, il faut que ie donne quelque liberté à mon cœur, & à ma plume : ie touche deux points en paſſant deuant que de conclure ce chapitre : tous deux me ſemblent bien conſiderables. Le premier eſt que ce feu & cette ardeur de prodiguer ſon ſang pour Ieſus-Chriſt, ſe communique à de ieunes hommes qui auroient traiſné leur miſerable vie dedans les vices, s'ils eſtoient reſtez en France, & qui paſſent pour des Saincts en ce nouueau monde, celuy qui a eſté aſſommé des Iroquois, nommé Goupil, eſtoit vn braue Chirurgien, qui auoit dedié ſa vie, ſon cœur, & ſa main au ſeruice des pauures Sauuages: il a demeuré quelques annees à S. Ioſeph, où l'odeur de ſes vertus, notammēt de ſon humilité, & de ſa charité reſioüit encor les François, & les Sauuages qui l'ont cognu. Quand on luy parla d'aller aux Hurons, ſon cœur s'eſpanoüiſt à la penſee des dangers qu'il alloit encourir pour ſon maiſtre : enfin il a donné ſa vie pour ſon amour : mais voicy qui accroit noſtre eſtonnement : vn autre ieu-

ne Chirurgien bien versé dans son art,
& bien cognu dans l'Hospital d'Orleans,
où il a donné des preuues de sa vertu, &
de sa suffisance, a voulu prendre la place
de son camarade, il est passé en la Nouuelle France, & moy qui escri ce dernier
chapitre, le voyant sur le poinct de monter aux Hurós, ie luy represétay tous les
perils où il s'alloit ietter: ie preuois tout
cela, me dist-il, si mes desseins ne ten-
doient qu'à la terre, vos paroles me don-
neroient de l'espouuante: mais mó cœur
ne voulant que Dieu, ne craint plus rien:
là dessus il s'embarque auec trois icunes
Hurons Chrestiens, resolus à tout ce
qu'il plairoit à Nostre Seigneur leur enuoyer: nous croyons qu'ils ont passé à la
desrobee, au trauers des ennemis, nous
n'en auons point encor d'asseurance.

Au temps que les Hurons estoient plus
animez contre les François, & contre
nos Peres, & qu'ils machinoient leur
mort, on demanda à quelques icunes hómes descendus de ces Nations plus hautes, s'ils n'estoient pas bien satisfaits d'e-
stre deliurez de ces grands dangers, où
la malice des Barbares les auoit iet-

tez , prodiguans si liberalement leurs vies , pour la gloire de nostre Seigneur , qu'ils estoient encor tous prests de leur aller tenir côpagnie, & de mourir auec eux : leur parole ne fut pas vn simple son formé de leurs lévres, ils remonterent la mesme annee, & s'exposerent de nouueau dans les perils , qu'ils auoient euitez : ces sentiments & ces actions ne sont pas du creu de la nature. Ie veux dire en second lieu, que les Sauuages ont tous les subiets , que le raisonnement purement humain leur peut suggerer d'auoir de l'eloignement de la foy , ou plutost de la rebuter : c'est en ce point que Dieu fait voir que la conuersion de ces peuples est son ouurage. Depuis que nous auons publié la loy de Iesus-Christ dans ces contrees , les fleaux se sont iettez comme à la foule. Les maladies contagieuses, la guerre, la famine sont les tyrans qui ont voulu rauir la foy aux fideles, & qui l'ont fait haïr des infideles. Combien de fois nous a-on reproché, que par tout ou nous mettions le pied , la mort y entroit auec nous ? combien de fois nous a-on dit qu'on n'auoit

iamais veu de calamitez semblables à
celles qui ont paru, depuis que nous par-
lons de Iesus-Christ. Vous nous distes
(s'escrient quelques vns) que Dieu est
plein de bonté, & lors que nous nous
rendons à luy, il nous massacre. Les Iroquois nos ennemis mortels ne croyent
point en Dieu, ils n'aymēt point les prieres, ils sont plus meschans que les Demons, & cependant ils prosperent, & depuis que nous quittons les façons de faire de nos ancestres, ils nous tuēt, ils nous
massacrent, ils nous bruslent, ils nous ex-
terminent de fond en comble. Quel
profit nous peut-il reuenir de prester l'o-
reille à l'Euangile, puis que la mort & la
foy marche quasi tousiours de compagnie ? Il se trouue des Chrestiens qui res-
pondent genereusement à ces plaintes.
Quand la foy nous feroit perdre la vie,
est-ce vn grand malheur de quitter la
terre, pour estre bien-heureux au Ciel? si
la mort & la guerre esgorgent les Chrestiens, elle n'espargne non plus les infideles. Ouy, mais repartent les autres, les
Iroquois ne meurent point, & cependant ils ont la priere en horreur. Auant

que les noûueautez paruffent en ces con-
trées, nous viurons auffi long-temps que
les Iroquois: mais depuis que quelques-
vns ont receu la priere, on ne void plus
de teftes blanches, nous mourrons à
demy aage.

Dieu fe comporte en voftre endroit,
leur dift, quelqu'vn, comme vn Pere enuers fon enfant: fi fon enfant ne veut
point auoir d'efprit, il le chaftie pour luy
en donner, l'ayant corrigé il iette les
verges au feu, vn Pere ne fe met pas tant
en peine de fes valets, que de fes enfans.
Dieu vous regarde comme fes enfans, il
vous veut donner de l'efprit, il fe fert des
Iroquois, comme d'vn foüet, pour vous
corriger, pour vous donner de la foy,
pour vous faire auoir recours à luy. Quãd
vous ferez fages, il iettera les verges au
feu, il chaftiera les Iroquois, s'ils ne s'a-
mendẽt. Helas! difent quelques vns, que
n'a-il commencé par les Iroquois? que
ne tafchoit-il de leur donner premierement de l'efprit: nous en auons defia tãt,
& eux n'en ont point du tout. Il eft le
Maiftre, leur dift-on; il fait tout ce qu'il

veut, il vous prefere aux Iroquois, il vous
aime bien dauantage, puis qu'il donne
vne vie toute pleine de plaisirs à ceux
d'entre-vous qui meurēt aprés le Baptesme, & qu'il precipite tous les Iroquois
dans les feux ; pas-vn d'eux ne croyans
en Dieu. Aprés tout on ne void quasi aucun Payen, pour opiniastre qu'il ayt esté
pendant sa vie, qui ne demande le Baptesme à la mort, & nonobstant toutes
ces calamitez, ces pauures gens ne lais-
fent pas d'embrasser Iesus-Christ. Ces
mesmes fleaux & ces mesmes reproches se rencontroient iadis en la primitiue Eglise. Les humiliations sont les
fourriers qui marquēt les logis du grand
Dieu, & la tribulation nous attire plus
fortement, & auec bien plus d'asseurāce
que la consolation : il faut abbatre l'orgueil, & la superbe de ces peuples, pour
donner entree à la foy : mais reuenons à
nos lettres.

Nous voyons bien que si on n'arreste les Ira-
quois, nous ne pouuons pas long-temps subsi-
ster, nous ferons neantmoins, ie ne dis pas le
possible seulement: mais l'imaginable, pour ne

S iiij

point quitter prise, nous disposants neātmoins
à receuoir les ordres qu'il plaira à sa diuine
Maiesté de nous prescrire.

Si les Iroquois ne retardoient point
le progrez de l'Euangile, s'ils ne tenoient point les auenües d'vne infinité de peuples, qui sont dans les nations plus hautes, & qui n'ont iamais
ouy parler de Iesvs-Christ, s'ils
ne menaçoient point la Colonie d'v-
ne honteuse ruïne, & l'Ancienne France d'vne espece d'infamie de n'auoir peu
donner de secours à sa cadette contre
vne poignee de Barbares : en vn mot
s'ils ne tuoient que les corps, sans en-
dommager le salut des ames, nos mal-
heurs nous sembleroient tolerables:
mais qui cognoist la valeur du sang de
Iesvs-Christ, cognoist le pris & la
valeur d'vne ame. Acheuons ce discours, voicy quatre paroles d'vn enfant
escrites à son pere, qui n'ont guere de
douceur, pour les sens : mais beaucoup
pour l'esprit : c'est vn Religieux de nô-
stre compagnie, qui parle à ses plus
proches, & qui leur demande, s'ils ne

luy portent point de côpaßion d'auoir esté pri-
ué du bon-heur qu'a receu le Pere Isaac Iogues, tombant entre les mains des Iroquois.
Ce Pere, dit-il, n'a fait ce voyage qu'v-
ne seule fois, & il a fait rencontre de ce
bon-heur. Ie suis descendu six fois à Kebec, & six fois remonté par les mesmes
chemins, sans faire ce bon rencontre. Ie
ne sçay ce que nostre bon Dieu me garde: mais ie m'estimerois bien-heureux d'a-
uoir trouué vn rencontre pareil, apres auoir
passé toute ma vie à son sainct seruice. La
rage de nos ennemis augmente nostre merite, & leurs feux nostre gloire, lors que
nous entrerons dans les Cieux, par cette
porte, nous aurons plus de force pour les attirer, ie les y souhaitte de bon cœur, ne
les appellant nos ennemis, qu'entant qu'ils
empeschent la propagation de la foy.

VÓ ı c ʏ pour conclusion le
sentiment d'vn Sauuage Chrestien, auquel comme on re-
prochoit qu'il estoit pauure, pource
qu'il croyoit en Dieu : *Quand bien*

cela seroit respondit-il, ie ne m'en resiouyrois
pource que mes richesses sont au Ciel : mais
toy qui me fais ce reproche, & qui n'as point
la foy, tu feras nonobstant tous tes biens,
pauure & miserable, & bruslé dans les
flammes toute vne eternité, il faudroit, dist-
celuy qui a couché ce bon sentiment
dans ses lettres, venir passer icy quelques
annees, pour faire cas & estime de la foy, dont
nous ne cognoissons pas la valeur, pour l'a-
uoir receuë comme par heritage.

CHAPITRE XIV.

De la deliurance du Pere Isaac Iogues &
de son arriuée en France.

Ette nouuelle sera d'autant plus agreable qu'elle estoit moins attenduë. On ne parloit plus de ce pauure Pere, qu'à la façon qu'on parle des morts. Quelques-vns le croyoient bruslé & deuoré des Iroquois, d'autres le regardoient comme vne victime qui n'attendoit plus que le cousteau & la dent des Sacrificateurs de Moloc. En effect le Dieu des abandonnés l'a sauué par vne Prouidence toute particuliere, au moment qu'il estoit destiné au feu & à ces autres cruautés qui passent la malice des hommes, il est viuant; & si ses mains sont racourcies, son cœur est aggrandy, les souffrances de son corps n'ont point diminué la force de son esprit : nous l'attendons de iour à autre, si l'Imprimeur

n'estoit pas si pressé, nous apprendrions
de sa bouche les douces voyes que
Dieu a tenuës pour le deliurer, la lettre
qu'il recrit de sa captiuité au Pere Charles Lalemant, nous en parle assez amplement : mais elle ne satisfait pas à toutes les demandes que nous luy pourions
faire. Suiuóns la neantmoins, car elle
merite bien sa place dans ce Chapitre.

*Ie party le propre iour de la Feste de Ne-
stre Bien heureux Pere sainct Ignace de la
Bourgade, où i'estois captif pour suiure & ac-
compagner quelques Iroquois qui s'en alloient
premierement en traitte, puis en pescherie:
ayans fait leur petit trafic ils s'arresterent
sept ou huict lieues au dessous d'vne habitation des Hollandois, placee sur vne
riuiere où nous faisions nostre pesche : comme nous dressions des embusches aux pois-
sons, arriue vn bruit qu'vne escoüade d'I-
roquois retournee de la chasse des Hurons,
en auoit tué cinq ou six sur la place, &
amené quatre prisonniers, dont les deux
estoient desia bruslez dans nostre Bourgade, auec des cruautez extraordinaires : à
cette nouuelle mon cœur fut transpercé,*

d'vne douleur tres-amere & tres-sensible,
de ce que ie n'auois point veu, ny consolé,
ny baptisé ces pauures victimes, si bien
qu'apprehendant qu'il n'arriuast quelque autre chose de semblable en mon absence, ie
dy à vne bonne vieille femme qui pour son
âge & pour le soin qu'elle auoit de moy,
& pour la compassion qu'elle me portoit,
m'appelloit son nepueu, & moy ie l'appellois
ma tante, ie luy dy donc, Ma tante ie voudrois
bien retourner en nostre Cabane, ie m'ennuye
beaucoup icy, ce n'estoit pas que i'attendisse
plus de douceur & moins de peine en nostre
Bourgade, où ie souffrois vn martyr conti-
nuel, estant contraint de voir de mes yeux les
horribles cruautez qui s'y exercent : mais
mon cœur ne pouuoit souffrir la mort d'aucun
homme sans que ie luy procurasse ls sainct Baptesme, cette bonne femme me dit vas t'en
donc mon nepueu, puis que tu t'ennuies
icy, prends dequoy manger en chemin : ie
m'embarquay dans le premier Canot qui
remontoit à la Bourgade, tousiours conduit & tousiours accompagné des Iroquois,
arriués que nous fusmes en l'habitation des
Hollandois, par où il nous falloit passer, i'ap-
prends que toute nostre Bourgade est ainsi

contre les François , & qu'on n'attendois
plus que mon retour pour nous brusler , voicy
le subiect de cette nouuelle. Entre plusieurs
bandes d'Iroquois, qui estoient allez en guerre contre les François , contre les Algonquins, & contre les Hurons, il s'en trouua
vne qui prit la resolution d'aller à l'entour de
Richelieu, pour espier les François & les Sauuages leurs alliés, vn certain Huron de cette
bande pris par les Hiroquois , & habitué
parmy eux, me vint demander des lettres pour
les porter aux François, esperant peut estre
en surprendre quelqu'vn par cette amorce:
mais comme ie ne doutois pas que nos François ne fussent sur leurs gardes , & que ie
voyois d'ailleurs qu'il estoit important que ie
leur donnasse quelques auis des desseins &
des armes & des desloyautez de nos ennemis,
ie trouuay moyen d'auoir vn bout de papier pour leur escrire , les Hollandois me faisants cette charité. Ie cognoissois fort bien les
dangers où ie m'exposois, ie n'ignorois pas
que s'il arriuoit quelque disgrace à ces guerriers, qu'on m'en feroit responsable, & qu'on
en accuseroit mes lettres , ie preuoyois ma
mort : mais elle me sembloit douce & agreable, employée pour le bien public , & pour

la consolation de nos François, & des pauures Sauuages qui escoutent la parole de Nostre Seigneur. Mon cœur ne fut saisi d'aucune
crainte, à la veue de tout ce qui en pourroit arriuer, puis qu'il y alloit de la gloire de Dieu:
ie donnay donc ma lettre à ce ieune guerrier
qui ne retourna point. L'histoire que ses camarades ont rapportée, dit qu'il la porta au fort
de Richelieu, & qu'aussi tost que les François l'eurent veue qu'ils tirerent le Canon sur
eux, ce qui les espouuanta tellement que la
plus part s'enfuyrent tous nuds, qu'ils abandonnerent l'vn de leurs Canots, dans lequel il
y auoit trois arquebuses de la poudre & du
plomb, & quelque autre bagage : ces nouuelles apportées dans la Bourgade, on crie tout
haut que mes lettres ont esté causes qu'on les
a traittez de la sorte : le bruit s'en repand
par tout, il vient iusques à mes oreilles : on
me reproche que i'ay fait ce mauuais coup; on
ne parle que de me brusler, & si ie me fusse
trouué dans la Bourgade au retour de ces gens
de guerre; le feu, la rage & la cruauté m'auroit osté la vie. Pour redoublement de mal-
heur, vne autre trouppe reuenant d'aupres
de Mont-real, où ils auoient dressé des embusches aux François, disoit qu'on auoit tué

l'vn de leurs hommes, & qu'on en auoit blessé deux autres: chacun me faisoit coulpable de ses mauuaises rencontres, ils estoient comme forcenez de rage, m'attendans auec impatience. I'escoutois tous ces bruits, m'offrant sans reserue à nostre Seigneur, & me remettant en tout & par tout à sa tres-saincte volonté. Le Capitaine de l'habitation des Hollandois où nous estions: n'ignorant pas le mauuais dessein de ces Barbares, & sçachant d'ailleurs que Monsieur le Cheualier de Mōtmagny auoit empesché les Sauuages de la Nouuelle France, de venir tuër des Hollandois, m'ouurit les moyens de me sauuer, voilà me, dit-il, vn vaisseau à l'ancre, qui partira dans peu de iours, iettez vous dedans secretement, il s'en va premierement à la Virginie, & delà il vous portera à Bordeaux, ou à la Rochelle, où il doit aborder, l'ayant remercié auec beaucoup de respect de sa courtoisie, ie luy dis, que les Iroquois se doutans bien qu'on auroit fauorisé ma retraicte, pourroient causer quelques dōmages à ses gēs. Non, nō, respōd-il, ne craignez rien, l'occasion est belle, embarquez-vous, iamais vous ne trouuerez de voye plus asseuree pour vous sauuer. Mon cœur demeura perplex à ces paroles, doutant

s'il

s'il n'estoit point à propos pour la plus grande
gloire de nostre Seigneur, que ie m'expose au
danger du feu, & à la furie de ces Barbares,
pour aider au salut de quelque ame. Ie luy dis
donc, Monsieur l'affaire me semble de telle
importance, nque ie ne vous puis respondre
sur le champ : donnez-moy s'il vous plaist, la
nuict pour y penser, ie la recommanderay à
nostre Seigneur, i'examineray les raisons de
part & d'autre, & demain matin ie vous diray ma derniere resolution ; m'ayant accordé
ma demande auec estonnement, ie passay la
nuict en prieres, suppliant beaucoup nostre
Seigneur, qu'il ne me laissast point prendre de
conclusion de moy-mesme ; qu'il me donnast
lumiere pour cognoistre sa tres-saincte volonté, qu'en tout & par tout, ie la voulois suiure, iusques a estre bruslé à petit feu. Les raisons qui me pouuoient retenir dans le pays é-
stoient la consideration des François, & des
Sauuages : ie sentois de l'amour pour eux, &
vn grand desir de les assister, si bien que i'a-
uois resolu de passer le reste de mes iours dans
cette captiuité, pour leur salut : mais ie voyois
la face des affaires toute changee.

Premierement pour ce qui regardoit nos
trois François amenez captifs dans le pays,
T

auſſi bien que moy: L'vn d'eux appellé René
Goupil, auoit deſia eſté maſſacré à mes pieds:
ce ieune homme auoit la pureté d'vn Ange.
Henry qu'on auoit pris à Mont-Real, s'en e-
ſtoit enfuy dans les bois. Comme il regardoit
les cruautez qu'on exerçoit ſur deux pauures
Hurons roſtis à petit feu: quelques Iroquois
luy dirent, qu'on luy feroit le meſme traiCtement, & à moy auſſi, quand ie ſerois de retour: ces menaces le firent reſoudre de ſe ietter plutoſt dans le danger de mourir de faim
dans les bois, ou d'eſtre deuoré par quelque beſte ſauuage que d'endurer les tourmens que ces
demy-Demons faiſoient ſouffrir. Il y auoit
deſia ſept iours qu'il ne paroiſſoit plus. Quant
à Guillaume Couſture, ie ne voyois quaſi plus
de moyen de l'aider: car on l'auoit mis en vne
bourgade eloignee de celle où i'eſtois, & les
Sauuages l'occupoient tellemenc deçà delà, que
ie ne le pouuois plus rencontrer. Adiouſtez
que luy-meſme m'auoit tenu ce diſcours: Mon
Pere taſchez de vous ſauuer, ſi toſt que ie ne
vous verray plus, ie trouueray les moyens
d'euader. Vous ſçauez bien que ie ne demeure
dans cette captiuité, que pour l'amour de vous;
faites donc vos efforts de vous ſauuer: car ie
ne puis penſer à ma liberté, & à ma vie que

ie ne vous voye en asſurance. De plus ce bon
ieune homme auoit eſté donné à vn vieillard,
qui m'aſſura qu'il le laiſſeroit aller en paix, ſi
ie pouuois obtenir ma deliurance, ſi bien que ie
ne voyois plus de raiſon qui m'obligeaſt de reſ-
ter pour les François.

Pour les Sauuages i'eſtois dans l'impoſſibi-
lité, & hors d'eſperance de les pouuoir inſtruire: car tout le pays eſtoit tellement animé contre moy, que ie ne trouuois plus aucune ouuer-
ture pour leur parler, ou pour les gagner, &
les Algõquins, & les Hurõs eſtoiẽt contrains
de s'eloigner de moy, comme d'vne victime de-
ſtinee au feu, de peur de participer à la haine
& à la rage que me portoiẽt les Iroquois. Ie
voyois d'ailleurs que i'auois quelque cognoiſſance de leur langue, que ie cognoiſſois leur
pays, & leur force, que ie pouuois peut-eſtre
mieux procurer leur ſalut par d'autres voyes,
qu'en reſtant parmy eux. Il me venoit en l'eſprit que toutes ces cognoiſſances mourroient
auec moy, ſi ie ne me ſauuois; ces miſerables
auoient ſi peu d'enuie de nous deliurer, qu'ils
commirent vne perfidie contre le droict & la
couſtume de toutes ces nations: Vn Sauuage
du pays des Sokokiois, alliez des Iroquois,
ayant eſté pris par les haults Algonquins, &

mené prisonnier aux trois Riuieres, ou à Kebec, fut deliuré & mis en liberté, par l'entre-
mise de Monsieur le Gouuerneur de la Nouuelle France, à la sollicitation de nos Peres. Ce
bon Sauuage voyant que les François luy a-
auoient sauué la vie, enuoya au mois d'Auril,
de beaux presens, afin qu'on deliuraст pour le
moins l'vn des François: les Iroquois retin-
rent les presens, sans en mettre pas-vn en liberté: deloyauté, qui est peut-estre sans exē-
ple parmy ces peuples: car ils gardent inuiola-
blement cette loy, que quiconque touche ou ac-
cepte le present qu'on luy fait, doit executer ce
qu'on luy demande par ce present: c'est pourquoy quand ils ne veulent pas accorder ce
qu'on desire, ils renuoyent les presens ou en
font d'autres en la place: mais pour reuenir à
mon propos, ayant balancé deuant Dieu, auec
tout le degagement qui m'estoit possible, les
raisons qui me portoient à rester parmy ces
Barbares, ou à les quitter, i'ay creu que nostre
Seigneur auroit plus agreable, que ie prisse
l'occasion de me sauuer. Le iour estant venu
i'allay saluër Monsieur le Gouuerneur Hollandois, & luy declaray les pensees que i'auois
pris deuant Dieu, il mande les principaux du
nauire, leur signifie ses intentions, & les ex-

horte à me receuoir, & à me tenir caché : en
vn mot à me repasser en Europe. Ils respon-
dent, que si ie peux vne fois mettre le pied dans
leur vaisseau, que ie suis en assurance, que ie
n'en sortiray point que ie ne sois à Bourdeaux,
ou à la Rochelle. Sus donc, me dit le Gouuerneur, retournez-vous en auec les Sauuages,
& sur le soir, ou dans la nuict , derobez vous
doucement, & tirez vers la riuiere, vous y
trouuerez vn petit bateau, que ie feray tenir
tout prest , pour vous porter secrettement au
Nauire. Apres mes tres-humbles actions dē
graces, à tous ces Messieurs, ie m'esloignay des
Hollandois, pour mieux cacher mon dessein:
sur le soir ie me retiray auec dix ou douze Iroquois dans vne grange, où nous passames la
nuict, auparauant que de me coucher, ie sorty
de ce lieu, pour voir par quel endroit ie pourrois plus facilement eschapper. Les chiens des
Hollandois, estans pour lors destachez accou-
rent à moy : l'vn deux grand & puissant se
iette sur ma iambe que i'auois nuë, & me l'of-
fença notablement , ie rentre au plutost dans
la grange, les Iroquois la fermēt fortement: &
pour me mieux garder, se viennent coucher
auprès de moy : notamment vn certain qui
auoit quelque charge de me veiller, me voyant

obsedé de ces mauuais corps, & la grange
bien fermée, & entourrée de chiens, qui
m'accuseroient si ie pretendois sortir, ie creû
quasi que ie ne pourrois euader, ie me plai-
gnois doucement à mon Dieu, de ce que m'ayāt
donné la pensee de me sauuer, Concluserat
vias meas lapidibus quadris, & in loco
spatioso pedes meos : *Il en bouchoit les
voyes & les chemins.* Ie passay encore cette
autre nuict sans dormir, le iour approchant
i'entendy les coqs chanter : bien tost apres vn
valet du laboureur Hollandois qui nous a-
uoit hebergé dans sa grange, y estant entré par
ie ne sçay qu'elle porte, ie l'aborday doucement,
& luy fis signe (car ie n'entendois pas son
Flamand) qu'il empeschast les chiens de iapper,
il sort incontinent, & moy apres, ayant pris
au prealable tout mon meuble qui consistoit en
vn petit office de la Vierge, en vn petit Ger-
son, & vne Croix de bois que ie m'estois faite, pour conseruer la memoire des souffrances
de mon Sauueur, estant hors de la grange, sans
auoir fait aucun bruit, ny esueillé mes gardes,
ie passe par dessus vne barriere qui fermoit
l'enclos de la maison, ie cours droit à la riuiere où estoit le Nauire : c'est tout le seruice que
me pût rendre, ma iambe bien blessee : car il

y auoit bien vn bon quart de lieüe de chemin
à faire : Ie trouuay le batteau comme on m'a-
uoit dist : mais la mer s'estant retiree, il e-
stoit à sec, ie le pousse pour le mettre à l'eau,
n'en pouuant venir à bout, pour sa pesanteur,
ie crie au Nauire, qu'on amene l'esquif, pour
me passer, point de nouuelle : ie ne sçay si on
m'entendoit, quoy que c'en soit, personne ne
parust, le iour cependant commençoit à descouurir aux Iroquois le larcin que ie faisois
de moy mesme, ie craignois qu'ils ne me sur-
prissent dans ce delit innocent, lassé de crier ie
retourne au batteau, ie prie Dieu d'augmenter
mes forces : ie fay si bien, le tournant bout pour
bout, & le pousse si fortement que ie le mets
à l'eau, l'ayant faict flotter ie me iette dedans, & m'en vay tout seul au Nauire,
où i'aborday sans estre descouuert d'aucun
Iroquois : on me loge aussi-tost à fond de ca-
le, & pour me cacher, on met vn grand cof-
fre sur l'escoutille. Ie fus deux iours & deux
nuicts dans le ventre de ce vaisseau, auec telle
incommodité, que ie pensay estouffer & mourir de puanteur. Ie me souuins pour lors,
du pauure Ionas, & ie priay nostre Seigneur,
Ne fugerem à facie Domini : que ie ne

me cachaſſe point deuant ſa face, & que ie ne
m'eſloignaſſe point de ſes volontez : ains au
contraire, infatuaret omnia conſilia quæ
non eſſet ad ſuam gloriam : Ie le priois de
renuerſer tous les conſeils qui ne tenderoient
point à ſa gloire, & de m'arreſter dans le pays
de ces infideles, s'il n'approuuoit point ma retraite, & ma fuite. La ſeconde nuict de ma
priſon volontaire, le Miniſtre des Hollandois
me vint dire que les Iroquois auoient bien fait
du bruict, & que les Hollandois habitans du
pays auoient peur qu'ils ne miſſent le feu dans
leurs maiſons, ou qu'ils ne tüaſſent leurs be-
ſtiaux : ils ont raiſon de les craindre, puis qu'ils
les ont armez de bonnes arquebuſes. A cela
ie reſponds, ſi propter me orta eſt tempe-
ſtas, proijcite me in mare : Si la tempeſte
s'eſt eleuee à mon occaſion, ie ſuis preſt de l'appaiſer, en perdãt la vie, ie n'auois iamais eu de
volonté de me ſauuer, au preiudice du moindre homme de leur habitation. Enfin il me
fallut ſortir de ma cauerne : tous les Nauton-
niers s'en formaliſoient, diſans qu'on m'auoit
donné parole d'aſſurance, au cas que ie puſſe
mettre le pied dans le Nauire, & qu'on m'en
retiroit au moment qu'il m'y faudroit amener,
ſi ie n'y eſtois pas, que ie mettois mis en danger

de la vie en me sauuant sur leur parole, qu'il la
falloit tenir quoy qu'il en coutast, ie priay
qu'on me laissast sortir, puis que le Capitaine
qui m'auoit ouuert le chemin de ma fuitte, me
demandoit, ie le fus trouuer en sa maison, où il
me tint caché: ces allees & ces venuës s'e-
stant faites la nuict, ie n'estois point encore
descouuert: i'aurois bien pû alleguer quelques
raisons en tous ces rencontres: mais ce n'estoit
pas à moy à parler en ma propre cause, si bien
à suiure les ordres d'autruy, que ie subissois de
bon cœur. Enfin le Capitaine me dit qu'il fal-
loit doucement ceder à la tempeste, & attēdre
que les esprits des Sauuages fussent addoucis,
& que tout le monde estoit de cét aduis: Me
voila donc prisonnier volontaire en sa mai-
son d'où ie vous rescry la presente. Que si vous
me demandez mes pensees dans tous ces ren-
contres, ie vous diray.

Premierement que ce Nauire qui m'auoit
voulu sauuer la vie, est party sans moy.

Secondement si N. Seigneur ne me protege
d'vne façon quasi miraculeuse, les Sauuages
qui vont & viennent icy à tous moments, me
descouuriront, & si iamais ils se persuadent,
que ie ne sois point party, il faudra de necessi-
té me remettre entre leurs mains: or s'ils

auoient vne telle rage contre moy, auant ma
fuitte, quel traitement me feront-ils, me
voyant retombé dans leur pouuoir, ie ne mour-
ray point d'vne mort commune : le feu, la rage
& les cruautez qu'ils inuentent, m'arrache-
ront la vie, Dieu soit beny pour iamais. Nous
sommes incessamment dans le sein de sa diuine & tousiours adorable prouidence, Vestri
capilli capitis numerati sunt : nolite time-
re : multis passeribus meliores estis vos
quorum vnus non cadet super terram si-
ne patre vestro. Celuy qui a soin des petits
oiseaux de l'air ne nous met pas en oubly, il y a
desia douze iours que ie suis caché, il est bien
difficile qu'vn mauuais iour ne vienne iufques à moy.

En troisiesme lieu vous voyez les grands
besoins que nous auons de vos prieres, & des
sain┐ts Sacrifices de tous nos Peres, procurez
nous cette aumosne par tout. Vt reddat me
Dominus idoneum ad se amandum, for-
tem ad patiendum, constantem ad per-
seuerandum in suo amore, & seruitio : afin
que Dieu me rende propre, & biē disposé pour
l'aimer, qu'il me rēde fort & courageux, pour
souffrir, & pour endurer, & qu'il me donne
vne genereuse constance, pour perseuerer en

son amour, & en son seruice: c'est ce que ie
souhaitterois vniquement auec vn petit Nouueau Testament d'Europe: Priez pour ces
pauures nations, qui s'entrebruslent, & qui
s'entremangent, à ce qu'elles viennent enfin
à la cognoissance de leur Createur, pour luy
rendre le tribut de leur amour, Memor sum
vestri in vinculis meis: ie ne vous oublie pas,
ma captiuité ne peut enchaisner ma memoire.
Ie suis de cœur & d'affection, &c.

De Renselacriuich, ce 30.
d'Aoust 1643.

Dans vne autre lettre escrite au mesme
P. Charles Lalemãt, du 6. Ianuier, de cette presente annee, il parle en ces termes,
Nũc scio verè quia misit Dominus An-
gelum suum, & eripuit me de manu He-
rodis, & de omni expectatione plebis Iu-
dæorum. Enfin ie suis deliuré. N. Seigneur a
enuoyé l'vn de ses Anges, pour me tirer de la
captiuité. Les Iroquois s'estans rendus à l'habitation des Hollandois, vers la my-Septẽbre,
apres auoir fait beaucoup de bruict, ont
enfin receu des presens, que le Capitaine
qui me tenoit caché leur a fait, iusques à
la concurrence, d'enuiron trois cent liures

que ie m'efforceray de recognoiſtre : toutes choſes.eſtant pacifiees, ie fus enuoyé à Manhaté, où demeure le Gouuerneur de tout le pays, il me receut fort humainement, il me donna vn habit, & puis me fit monter dans vne barque, qui a trauerſé l'Ocean au milieu de l'Hyuer, ayant relaſché en Angleterre, ie me mis dans vne autre barque de Charbonnier, qui m'a porté en baſſe Bretagne, auec vn bonnet de nuiĉt en teſte, & dans l'indigence de toutes choſes, en la meſme façon que vous arriuaſtes à S. Sebaſtien: mais non pas degouttant d'vn ſecond naufrage.

Voicy encore vne autre lettre, que le Pere a eſcrite à vne perſonne qui luy portoit plus d'enuie que de compaſſion, & qui auroit bien ſouhaité d'eſtre ſon compagnon de fortune.

En fin mes pechez m'ont rendu indigne de mourir parmy les Iroquois: Ie vis encore, & Dieu veille que ce ſoit pour m'amander, pour le moins ie recognòy comme vne grande faueur, de ce qu'il a voulu que i'aye enduré quelque choſe: ie dis ſouuent auec reſſentiment,

Bonum mihi quia humiliasti me, vt discã
iustificationes tuas. *Ie party le cinquiesme
de Nouembre de l'habitation des Hollandois,
dans vne barque de cinquante tonneaux, qui
me rendit à Falmuth en Angleterre, la veille
de Noël, & i'arriuay en Basse Bretagne,
entre Brest & S. Paul de Leon, le propre iour
de Noël, assez tost, pour auoir le bien d'entendre la Messe, & faire mes deuotions. Vn
honneste Marchand, m'ayant rencontré m'a
amené, & defrayé iusques à Rennes, où ie suis
arriué ce iourd'huy veille des Rois. Quel bon-
heur apres auoir demeuré si long-temps parmy des Sauuages, apres auoir conuersé des
Caluinistes, des Lutheriens, des Anabaptistes,
& des Puritains, de se voir parmy des serui-
teurs de Dieu, dans l'Eglise Catholique! de se
voir en la compagnie de Iesus! c'est vne petite
idee des contentements que nous receurons
quelque iour dans le Paradis, s'il plaist à Dieu,*
lors que dispersiones Israëlis congrega-
bit. *Quand est-ce que Dieu retirera sa
main de dessus nos pauures François, &
nos pauures Sauuages.* Væ mihi vt quid
natus sum videre contritionem popu-
li mei! *Mes pechez & les infidelitez de
ma vie passee ont beaucoup appesanty la*

main de la diuine Maiesté, iustement irrité
contre nous. Ie supplie V. R. de m'obtenir de
nostre Seigneur, vne parfaite conuersion, &
que ce petit chastiment qu'il m'a donné, me
serue selon son dessein, à me rendre meilleur.
Le Pere Raimbault, le Pere Dolbeau, & le
P. Danost, sont donc morts? ils estoient meurs
pour le Paradis, & la Nouuelle France a perdu en vne annee, trois personnes qui y auoient
beaucoup trauaillé. Ie ne sçay si on a receu cette annee vne coppie de la Relation des Hurons. Le premier exemplaire fut pris auec les
Hurons, qui descendoient aux François,
au mois de Iuin, & me fut rendu au pays
des Iroquois, auec vn gros paquet de lettres
que nos Peres des Hurons enuoyoient en
France, si i'eusse creu que Dieu m'eust voulu deliurer, ie l'aurois portée auec moy, quand
i'allay visiter les Hollandois, tout est demeuré en la Cabane où i'estois : vne autrefois, ie
seray plus long, en voilà assez pour le premier
iour de mon arriuee.

A Rennes ce 5. de
Ianuier 1644.

IE croyois que la fin de cette lettre feroit la conclufion de ce Chapitre:
mais en voicy encor vne autre qui donnera quelque iour aux precedentes, ie les
couche fuiuant l'ordre du temps qu'elles nous font enuoyees, fans auoir efgard
s'il n'y aura point quelques redites. L'Imprimeur ne permettant pas d'en tirer
vne fuitte de difcours.

Comme ie priois le P. Ifaac Iogues de nous
raconter les particularitez de fa prife, & de
fa captiuité, il m'a refpõdu qu'il en auoit efcrit
affez amplement: mais pource que ie m'apper-
çois tous les iours qu'il eft fi referué à parler de
foy qu'il peut auoir obmis plufieurs belles par-
ticularitez, voicy ce que i'en ay tiré de fa bou-
che à diuerfes fois. Apres le combat des Hu-
rons qui fut bien-toft fuiuy de leur deffaite, ce
bon Pere fe trouua en lieu où il n'eftoit pas hors
d'efperance de fe fauuer de leurs mains: mais il
en perdit bien-toft la volonté: car s'eftant pris
garde que les principaux Chreftiẽs de l'Efcoua-
de, qui l'accõpagnoit, eftoiẽt pris auec vn Frã-
çois, il appella luy-mefme, & fit venir à foy
les Iroquois, aufquels il fe donna genereufe-
ment, afin de pouuoir affifter ces pauures

captif. Auſſi-toſt qu'il ſe fut rendu, ils le deſ-
poüillerent, ne luy laiſſant que ſa chemiſe, ils
luy arracherent les ongles des doigts, excepté
deux. Il fallut faire en ſuitte vn voyage d'enuiron dix iours auec de grandes fatigues, &
de notables incommoditez de la faim, ces Barbares manquans de viures. Aprochant du
pays enuiron d'vne iournee, il fut cruellement
baſtonné, & tous ces concaptifs par vne bãde
de deux cens Sauuages. On leur fit le meſme
traitement à l'entree de trois Bourgades, ſi
bien que pendant trois iours qu'on les mena en
triomphe, de Bourgade en Bourgade: ils receurent vn nombre ſans nombre de baſtonna-
des, comme ces Barbares eſtoient fort animez
contre les François, & qu'ils tenoient le Pere
pour vn de leurs principaux Capitaines: la
furie des coups tomboient plus particulierement deſſus luy. On les faiſoit monter pendant
le iour ſur des eſchaffaux, pour eſtre expoſez
à la riſee, & à l'inſolence de ces Barbares. La
nuict on les retiroit dans les Cabanes, où les
enfans les tourmentoient auec des cendres
bruſlantes, & auec des charbons ardens. Le
quatrieſme iour de leur arriuee, on couppa le
poulce gauche au Pere, iuſque à la racine, on
luy eſcraſa, & bruſla on le bout des doigts,
dont

dont on auoit arraché les ongles : l'index gauche paroist auoir esté à demy bruslé, auec vn
fer chaud, il en est demeuré vn petit extropié,
ayant le mouuement libre des autres qui luy
sont restez. Le sixiesme iour ils l'attacherent
à deux pieux, côme s'ils l'eussent voulu brusler: les cordes estoient si serrees qu'il s'en alloit dans peu de temps tomber en deffaillance,
lors qu'vn ieune Iroquois touché de compassion, & de pitié, le delia. Cette charité fut re-
cognuë du Ciel: car quelques mois apres, le
Pere l'ayant comme par hazard rencontré
biê malade, l'instruisit & le baptisa, & peu de
temps apres il mourut : on dit qu'vn bien faict
n'est iamais perdu : mais celui-là a esté bien
recompensé.

Le septiesme iour on les aduertit que c'e-
stoit le dernier de leur vie, & qu'on commen-
ceroit à les brusler sur le soir: ils tinrent neantmoins vn grand conseil sur cét affaire: pendant lequel le Pere rallie ses gens, comme vn
bon Pasteur ses brebis, donne courage aux
Chrestiens, les instruit des moyens de faire
profit pour le Ciel de ces horribles cruautez:
baptise quelques Hurons, encore Catechumenes, & lors qu'ils attendoient leur derniere
sentence, les Barbares sortans de l'assemblée
V

leur disent qu'ils n'en mourroient pas, ils furent neantmoins quatre mois entiers, traitez comme des victimes destinees aux supplices: enfin le Pere ayant donné aduis de sa prise aux Hollandois, qui sont habituez sur la coste prochaine des Iroquois: le Gouuerneur de tout le pays rescriuit au Capitaine qui commande en l'habitation plus voisine des Iroquois, qu'il s'efforçast de le retirer, & les autres François ses concaptifs, il fit quelques presens à ces Barbares ; ce que firent aussi quelques Sauuages d'vne nation voisine, pour auoir esté obligez à Kebec par les François : ces presens addoucirent vn petit les Iroquois, si bien qu'ils donnoient liberté au Pere, d'aller & de venir où il vouloit, ce qui luy donna occasion de baptiser enuiron septante personnes, tant enfans qu'adultes dont la pluspart sont au Ciel. Il entretenoit aussi par ce moyen les Hurons captifs dans la pieté. Ces bonnes actions qui l'auoient fait resoudre à ne se point sauuer, le pouuant faire, addoucissoient grandement la rigueur de sa captiuité. Les Iroquois cependant ne vouloient point ouïr parler de sa deliurance, s'imaginans que pendant qu'ils retiendroiēt le Pere, les Frāçois de Kebec & d'autres lieux circonuoisins n'oseroient leur faire aucun mal,

quand ils viendroient à la chasse des Hurons,
& des Algõquins: mais le Pere mesprisant sa
vie, rescriuit aux François, que sa consideration ne les empeschast point de faire tout ce qui
seroit à la plus grãde gloire de nostre Seigneur,
ne voulant pas estre l'occasion que quelques
François, ou quelques pauures Sauuages fussent surpris & massacrez par ces Barbares.
En fin ce pauure Pere estant arriué en Angleterre : comme luy-mesme l'a mandé. Les
Hollandois descendirent à terre, pour s'aller
vn petit rafraischir de la mer, & d'vn long
voyage, quelques voleurs Anglois entrans
dans la Barque, & n'ayãts trouué que le Pere
tout seul, la pillerent, & luy rauirent & em-
porterent le manteau & le chapeau, que les
Hollandois luy auoient donné. Vous aurez pû
voir par les siennes, en quel equipage il arriua
en France. Pour conclusion, il est aussi gay,
comme s'il n'auoit rien souffert, & aussi zelé
pour retourner aux Hurons, parmy tous ces
dangers, comme si les perils luy estoient des
asseurãces, il s'attend bien de repasser vne autrefois l'Ocean, pour aller secourir ces pauures
peuples, & acheuer le sacrifice encommancé.
    A Rennes ce 14. de Ianuier.

V ij

CEux qui croyent que les Iesuistes
vont en ce bout du monde, pour faire trafic de peaux de bestes mortes, les
tiennent fort temeraires, & depour-
ueus de sens, de s'aller exposer à de si
horribles dangers, pour vn bien si raual-
lé. Il me semble qu'ils ont vn cœur plus
genereux, & que Dieu seul, & le salut
des ames est capable de leur faire quitter leur patrie, & la douceur de la France, pour aller chercher des feux, & des
tourmens au milieu de la Barbarie. Pour-
autant neantmoins que cét erreur de
commerce se pourroit glisser dans l'esprit de ceux qui ne les cognoissent pas:
on a iugé à propos d'apposer icy vne
attestation authentique, qui fera voir
combien ils sont éloignez de ces pensees : si ceux qui en parlent auec liberté
pour ne les cognoistre pas, se trouuoient
auec eux en ce nouueau monde, ils chan-
geroient bien de langage, & se faisans
compagnons de leurs souffrances, & de
leur zele, ils se trouueroient vnis & liez,
de mesmes affections, & ces chaisnes

pourroient estre eternelles, puisque le
vray amour, & la vraye charité, passe au
delà des temps : c'est assez finissons par
vn tesmoignage veritable, & des-inte-
ressé , qu'on peut tirer de la bouche de
personnes honnorables, qui l'ont marqué de leurs noms, & confirmé de leur
seing.

V iij

DECLARATION DE

Messieurs les Directeurs, & Associez en la Compagnie de la Nouuelle France.

LES *Directeurs, & Associez en la Compagnie de la Nouuelle France, dicte de Canada: ayans sçeu que quelques personnes se persuadent, & font courir le bruit, que la Compagnie des Peres Iesuistes a part aux embarquemens, retours & Commerces qui se font audit païs, voulans par ce moyen raualer, & suprimer l'estime, & le prix des grands trauaux qu'ils entreprennent audit païs, auec des peines, & fatigues incroyables, & au peril de leur vie, pour le seruice & la gloire de Dieu, dans la Conuer-*

sion des Sauuages à la foy du Christianisme, & Religion Catholique, Apostolique & Romaine; En quoy ils ont faict
& font tous les ans de grãds progrés, dõt
ladite Compagnie est tres-particuliere-
ment informee, ont creu estre obligez par
deuoir de la Charité Chrestienne, de des-
abuser ceux qui auroient cette creance,
par la declaration & certification qu'ils
font par les presentes, que lesdits PP. Iesuistes ne sont associez en ladite Compagnie de la Nouuelle France, directe-
ment, ny indirectement, & n'ont aucune part au trafic des marchandises, qui
s'y faict; En foy dequoy la presente declaration a esté signee desdits Directeurs & Associez, Et scellee du sceau
de ladite Compagnie. A Paris en l'As-
semblee ordinaire d'icelle, le premier
iour de Decembre mille six cent quarante trois. Ainsi signé. De la Ferté,
Abbé de saincte Magdeleine. Bordier,

Margonne, Beruyèr, Robineau, Tabouret, Berruyer, Verdier, Fleuriau, Caset, Bourguet, & Clarentin, & fcellé d'vn Cacher.

Collationné à l'Original par moy Confeiller, Secretaire du Roy, maifon & Couronne de France.

I O L L Y.

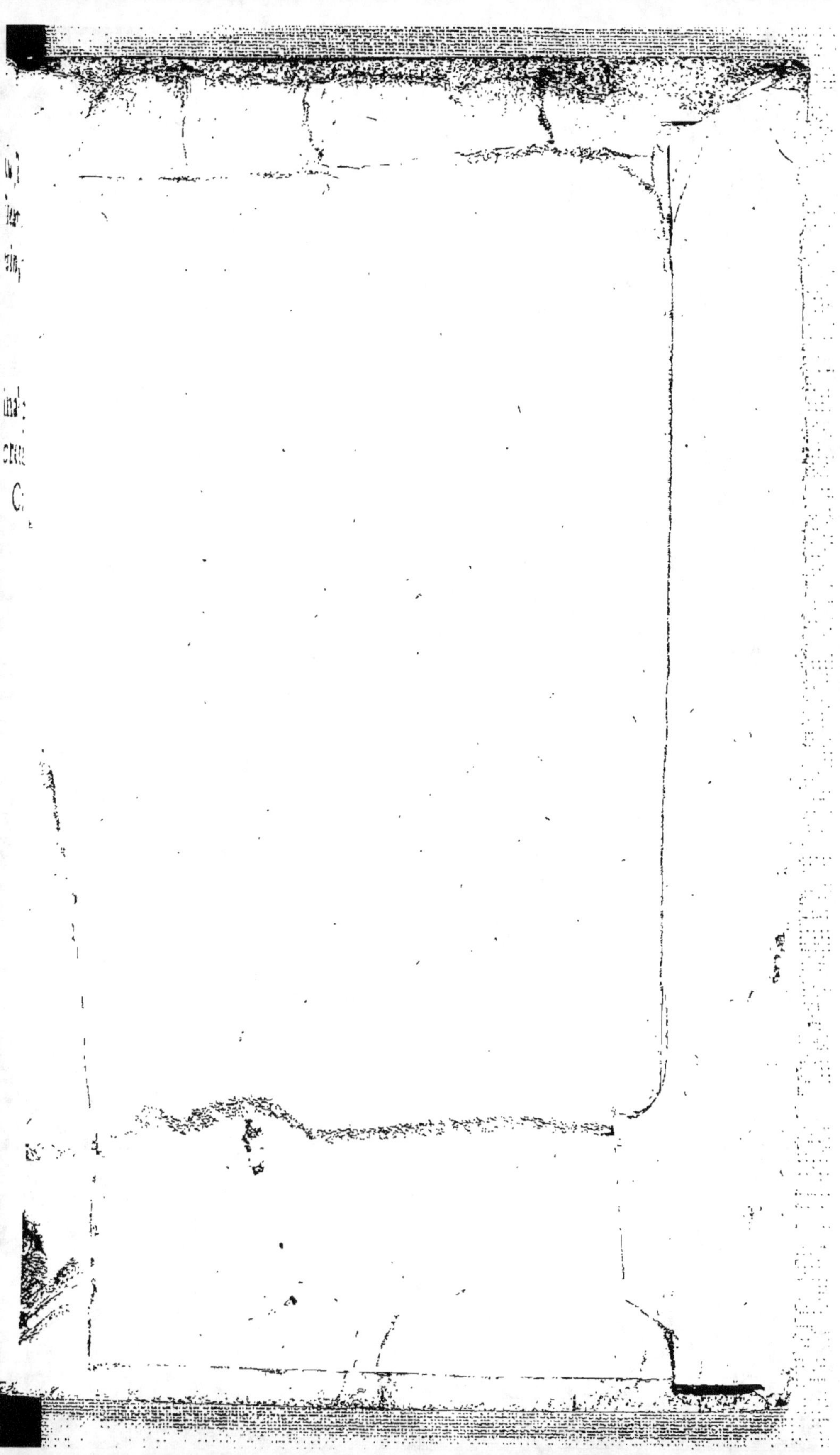